Axel Schmidt | Klaus Neumann-Braun |
Ulla Autenrieth

Viva MTV! *reloaded*

Musikfernsehen und Videoclips crossmedial

Die Deutsche Nationalbibliothek verzeichnet diese Publikation in der Deutschen Nationalbibliografie; detaillierte bibliografische Daten sind im Internet über http://www.d-nb.de abrufbar.

ISBN 978-3-8329-3912-0

1. Auflage 2009

Inhaltsverzeichnis

Einleitung

Die nachfolgenden Betrachtungen widmen sich einer historischen wie systematischen Betrachtung der Phänomene Musikfernsehen und Videoclips/ Musikvideos am Beispiel des international operierenden Senders *MTV* resp. seines deutschen Pendants *VIVA*. Zugleich wird der Versuch unternommen, an die durch die Autoren seit den 1990er Jahren kontinuierlich betriebene Forschung zur Musiktelevision[1] anzuknüpfen und diese einer Aktualisierung zu unterziehen. Aufgrund spärlicher Datenlage, insbesondere aktuelle Entwicklungen betreffend, wurde zum einen in größerem Maße auf Quellen aus dem Internet (s. Anhang) zurückgegriffen. Darüber hinaus wurden Interviews mit Experten (s. Anhang) durchgeführt, welche insbesondere über aktuelle Entwicklungen Auskunft zu geben und aktuelle Trends im Sinne von Hintergrundinformationen einzuschätzen vermochten. Es ist ein zentrales Anliegen der nachfolgenden Ausführungen, die heutige Situation des Musikfernsehens im Lichte seiner Genese verständlich zu machen, weshalb sich im Folgenden diachrone und synchrone bzw. historische und systematische Betrachtungen abwechseln.

Der im Heute ansetzende *Ausgangspunkt* der nachfolgenden Betrachtungen ist die Feststellung, dass Musikfernsehen – verglichen mit der Aufbruchsstimmung zur Zeit seiner Anfänge (s. Kap. 2) – einen *Bedeutungsverlust* im Sinne einer Veralltäglichung und Entdifferenzierung verzeichnen musste, während die Aufmerksamkeit für Videoclips nach wie vor ungebrochen resp. neu entfacht scheint.[2] Allerdings ist mit der Rede von (Video-)Clips[3] *heute* höchst Unterschiedliches gemeint: Das Formenspektrum reicht vom *klassischen Videoclip* als das die zu verkaufende Popmusik visualisierendes Werbemittel (im Folgenden als kommerzielles *Musikvideo* bezeichnet) über an Experimentalfilmtraditionen angelehnte Kunstclips bis hin zu recycelten (i.d.R. den Massenmedien entnommenen) resp. selbstgenerierten AV-Ausschnitten, welche auf entsprechenden Video-Portalen

1 S. hierzu Neumann-Braun, 1999.

2 So lässt sich insgesamt von einer Renaissance des Videoclips sprechen; Experten mutmaßen, dass nie mehr (Musik-)Clips geschaut wurden als heute, allerdings nicht auf den Musiksendern, sondern im Netz.

3 Das Verb „*to clip*" steht für die Tätigkeit „schneiden", „ausschneiden", „stutzen", „trimmen"; entsprechend bedeutet in der Filmfachsprache das Substantiv „*clip*" „der (Film-)Ausschnitt", der Begriff „*clipped form*" wäre mit „(filmische) Kurzform" zu übersetzen. Weiterhin wird das Element der Schnelligkeit angesprochen: „*at a fair clip*" meint eine hohe Geschwindigkeit („*high speed*"). Interessant ist insbesondere auch die Bedeutungsvariante von „anklammern", „anheften" bzw. „Klammer", mit der die (werbestrategische) Funktion der Videoclips als ‚Anhängsel' eines Songs resp. einer Band angesprochen ist.

wie *youtube.com*, *clipfish.de* oder *myvideo.de* im Netz zugänglich sind. Wie den entsprechenden Bezeichnungen solcher Portale zu entnehmen ist, hat man es mit einer Verschränkung von traditionellen massenmedialen Distributionskanälen (für die AV-Medien das Fernsehen, welches mit einer (Bild-)Röhre (engl. *Tube*) empfangen wurde) sowie spezifischen Mediengattungen resp. Programm(gestaltungs-) formen (*clip, video*) zu tun, welche durch ihr Programm selbst bestimmende (*to fish*) resp. produzierende Teilnehmer (*you*tube, *my*video) hervorgebracht werden.

Obwohl das klassische Musikvideo im Folgenden aufgrund spezifischerer Form, Funktion und Distribution/ Rezeption vom (massenmedial distribuierten) AV-Clip im Allgemeinen zu unterscheiden sein wird (s. Kap. 1), lassen sich doch – mit Blick von der heutigen Clipkultur zurück auf die Musikvideos – Merkmale feststellen, welche dessen Wurzeln sowie dessen Vorreiterrolle zu profilieren vermögen. Die Qualifizierungen „Video“ bzw. „Clip“ rufen mit Blick auf AV-Medien-Produkte folgende Merkmalsdimensionen auf:

- *Technik und Materialität*: Aufzeichnungs-, Speicherungs-, Reproduktions- und Wiedergabetechnik bzw. -material ist das Video(-band)[4] und nicht der Film (-streifen). Die Videotechnik ist kostengünstiger und hinsichtlich Aufnahme/ Speicherung sowie Reproduktion und Wiedergabe handhabbarer und damit auch für Privatpersonen zugänglich. Zudem impliziert sie aufgrund der Unterschiedlichkeit der involvierten Apparaturen eine spezifische Ästhetik.[5]
- *Zeitlichkeit*: Im Gegensatz zum Spielfilm und TV-üblichen Formaten handelt es sich um eine Kurzform, deren Dauer sich – im Falle eines Musikvideos – an der Länge des zugrunde liegenden Musikstücks bemisst.
- *Fremdzweckhaftigkeit*: Clips erscheinen häufig als an etwas Primäres angehängt und damit als nicht notwendigerweise eigenständig (*to clip*).
- *Machart/ Gestaltung*: Aufgrund der Kürze und Fremdzweckgebundenheit erscheinen Clips häufig verdichtet und damit in irgendeiner Hinsicht prägnant und pointiert (i. Ggs. zu episch, breit erzählend).
- *Programmfluss*: Mit Blick auf den Präsentationskontext resp. die Verkettung einzelner Elemente erscheint die Einbettung einzelner Clips in einen televisionären Programmfluss resp. Clipstrecken aufgrund der Kürze und relativen (Sinn-)Abgeschlossenheit des Einzelelements (Clip) häufig additiv (Aneinanderreihung) resp. – mit Blick auf die Ordnung der Abfolge – assoziativ bis beliebig.

---

4 Vgl. grundlegend Spielmann, 2005.

5 Das Filmbild wird durch projiziertes Licht, das Videobild dagegen durch die Sichtbarmachung eines elektronisch erzeugten Kathodenstrahls generiert. Ersteres erweckt aufgrund des mechanischen Moments des Projektors (Transport des Filmstreifens) einen rhythmischen, letzteres dagegen aufgrund der Aktivität des Kathodenstrahls einen pulsierenden Eindruck (vgl. Kerscher & Richard, 2003; Paech, Joachim (1994): Bilder-Rhythmus. In: Hausherr, Cecilia (Hg.): Visueller Sound. Luzern: Cyclop. S. 46-63.

Der Blick nach vorn zurück zeigt, dass und wie (populärkultur-)historische Entwicklungslinien in der systematischen Aufarbeitung der in Frage stehenden Phänomene zu berücksichtigen sind. Im Folgenden sind zu differenzieren:

- *Mediengattungen bzw. mediale Gestaltungsformen, -traditionen und -ästhetiken* (Fokus: ästhetische Gestaltungsprinzipien des Musikvideos) im Gegensatz zu dominanten *Produktionseinheiten und Distributionskanälen* (Fokus: Musiksender (*MTV*), Tonträgerindustrie/ Plattenfirmen, Filmstudios/ Regisseure, Künstler/ Bands),
- *traditionelle (massenmediale) Distributionskanäle (TV)* versus *,neue'* entweder *P2P*-basierte[6] *Distributionsmöglichkeiten* oder ,neue', digitale Angebote des ,alten Mediums' (Netzangebote der Musiksender) bzw. ,alte' Inhalte (Musikvideos) im Rahmen ,neuer' Netzangebote (etwa: *www.popzoot.tv*),
- das *klassische kommerzielle Musikvideo* (welches an der Visualisierung von Popmusik orientiert ist) im Gegensatz zu *Videoclips im Allgemeinen* (jedweden Inhalts und kontingenten Bezugs zu optional eingesetzter Musik).

Die nachfolgenden Betrachtungen sind demzufolge zunächst versucht, eine historisch informierte Begriffsbestimmung der Phänomene *,Musikfernsehen' und ,Musikvideo' (Kap. 1)* zu leisten, wobei insbesondere der eigenständigen Ästhetik des Musikvideos ein eigenes Unterkapitel (*Kap. 1.2*) gewidmet werden soll. Daran anknüpfend soll deren historische Verschränkung und Entwicklung bis heute hinsichtlich *Produktion* (Medienökonomie, Distribution, Programmpolitik) *(Kap. 2)* und *Produkt* (Musikvideos als Programmelemente, Inhalte und Formate des Gesamtprogramms, Senderprofile) *(Kap. 3)* betrachtet sowie auf Aspekte *der Nutzung und Rezeption (Kap. 4)* eingegangen werden. Das letzte Kapitel (*Kap. 5*) widmet sich der Entwicklung der Musiktelevision in den deutschsprachigen Nachbarländern Österreich und Schweiz.

Hinzu kommt die *Berücksichtigung historisch einmaliger Konstellationen*, im vorliegenden Fall das Zusammentreffen der *Kunst- bzw. Mediengattung ,Musikvideo' und der medienökonomischen resp. -technischen Entwicklung von Musikspartenkanälen* – als einer Art ,Wahlverwandtschaft' – sowie einer insgesamt mehr und mehr am Visuellen orientierten Pop(musik)kultur (s. Kap. 2). In dieser Perspektive erscheinen Musikfernsehen (prominentester Vertreter: *MTV*) und Musikvideos als zwei Seiten einer Medaille: Während *MTV* die ,Abspielstation' für die Musikvideos der Tonträgerindustrie darstellt(e), liefern die Plattenfirmen mit

6 Unter *P2P(Peer-to-Peer-)*-basierten Kommunikationsplattformen versteht man Angebote des *WWWs*, welche die (zumindest technische) Möglichkeit bereitstellen, dass Gleiche mit Gleichen, d.h. alle Teilnehmer miteinander kommunizieren können, wodurch die für traditionelle Massenmedien maßgebliche Trennung in Produzenten und Rezipienten aufgelöst ist.

dem Musikvideo umgekehrt das (kostenlose) Programm des Senders. Mehr noch: Der Musiksender *MTV* – so betonen Junker und Kettner (1996) – sei zwar mehr als die Summe der Videoclips, ohne diese wäre er jedoch ohne große Wirkung. Beide, Clips und *MTV*, würden zusammengehalten durch einen popkulturellen Rahmen und seien in die Welt der Popkultur eingebettet. *MTV* sei ,Clip- *und* Pop-world' und ließe den Zuschauer, trotz der mittlerweile starken Annäherung an die Programmstruktur konventioneller Fernsehsender, an etwas Besonderem, der Popkultur nämlich, teilnehmen. Die Clips erschienen deshalb, anders als die Ausstrahlung von Videoclips in konventionellen Sendern, als integraler Bestandteil eines popmusikzentrierten Spartenprogramms. Dass *MTV* sich heute den Vollprogrammen konventioneller Fernsehsender angenähert hat (s. Kap. 3), steht dem nicht entgegen. Vielmehr zeigt sich, dass die Musiksender noch heute mit Musikvideos identifiziert werden und nach wie vor von deren innovativem (symbolischem) Kapital zehren.

1. Musikfernsehen und Musikvideos

1.1 Begriffsbestimmungen

Trennt man beide Phänomene zu Definitionszwecken, so handelt es sich im Falle des *Musikfernsehens* um eine soziale Organisation, nämlich um einen kommerziell betriebenen Fernsehsender, welcher hinsichtlich seiner Programmausrichtung als Spartenkanal operiert. Ähnlich wie im Falle anderer Spartenkanäle (wie etwa Sport- oder Nachrichtenkanäle) gruppieren sich Inhalte und Programmgestaltung um ein zentrales Thema, hier: die Pop(uläre)musik resp. ihre (damals neue) visuelle Erscheinungsweise: das Musikvideo. Voraussetzung hierfür war die Entwicklung des Kabelfernsehens in Amerika zu Beginn der 1980er Jahre: „*The transatlantic success of music video awaited the moment at which cable TV became an option for a substantial number of Americans and targeted audiences became commercially attractive*" (Aufderheide, 1986, 60). Medienökonomisches Ziel eines solchen *Narrow-Castings* ist es, eine spezifische Zielgruppe mit Hilfe eines für diese besonders interessanten Themenkomplexes zu erreichen, um dieses spezifische Publikumssegment wiederum an spezifisch interessierte Werbetreibende zu verkaufen. Im Falle der Musiksender handelt es sich um die Zielgruppe der Jugendlichen und jungen Erwachsenen auf der einen resp. um die auf dem so genannten Jugendmarkt operierenden Industrien (so etwa Konsumgüter-, Kleidungs-, Elektronik- und Tonträgerindustrie) auf der anderen Seite, welche durch lifestyle- und konsumaffine Pop(ulär)musik bzw. -kultur mithilfe *MTV*s (als Popmusiksender) kurzgeschlossen werden (sollen).

Im Falle des US-amerikanischen Fernsehsenders *MTV* (*MusicTeleVision*) handelt es sich um den weltweit ersten kommerziellen Musikspartenkanal mit einem 24-Stunden-Programm und zugleich um den wohl prominentesten Vertreter des Musikfernsehgenres (s. hierzu ausführlich Kap. 2). *MTV* ist als Teil der 1984 gegründeten Aktiengesellschaft ‚*MTV Networks*', welche heute wiederum eine Tochter des *Viacom*konzerns (s.u.) ist, ein global operierendes Medienunternehmen, das neben seiner primären Funktion als Fernsehsender vor allem auch als Bestandteil juveniler Lifestylewelten fungiert und damit als globale Marke operiert (s. hierzu ausführlich Kap. 2 und 5).

Im Falle des *Musikvideos* hat man es dagegen zunächst mit einer Kunstgattung resp. einem ästhetischen Gebilde zu tun, welches eigenen Gestaltungsprinzipien folgt, die häufig unter der Bezeichnung ‚Clipästhetik'[7] firmieren. Musikvideos

7 Vgl. Bühler, 2002, 208; Neumann-Braun, Barth & Schmidt, 1997; Neumann-Braun & Schmidt, 1999, 13ff.

sind in diesem Sinne ein „*act of aesthetic communication*“ (Williams, 2003, 5), was die Zuschauer auf spezifische Weise ansprechen (soll). Warenförmiger Programminhalt kommerziell operierender Musikfernsehsender sind sie in dieser Hinsicht erst in zweiter Linie (s. hierzu Kap. 3). Musikvideos sind in der Regel drei- bis fünfminütige Videofilme, in denen ein Musikstück (Pop- und Rockmusik in allen Spielarten) von einem Solointerpreten oder einer Gruppe in Verbindung mit unterschiedlichen visuellen Elementen präsentiert wird.[8] Keazor und Wübbena (2005, 55ff.) fügen diesen Kriterien die Spezifikationen der Reproduzierbarkeit und der technischen Manipulierbarkeit hinzu: Damit von einen Musikvideo die Rede sein kann, muss das Produkt zum einen unabhängig von einer Aufführung (wie etwa Oper oder Konzert) verfügbar sein (d.h. die Gleichzeitigkeit von Bewegung, Kunst und Musik ergibt noch kein Musikvideo) sowie sich zum anderen durch eine gewisse „Manipulation des Gezeigten (durch technische Eingriffe wie Zeitlupe oder die Montage anderweitigen Materials)“ (ebd., 56) auszeichnen.

Allerdings waren Musikvideos als eine Synthese aus *Sound* und *Vision* so neu nicht.[9] Die Verschmelzung von Bild und Ton kann auf eine lange kulturhistorische Tradition zurückblicken[10] und so genannte *Popclips*[11] gab es lange Zeit bevor irgendjemand an eine *MusicTeleVision* gedacht hatte. Allerdings verschaffte erst die historisch einmalige Verschränkung einer spezifischen Darstellungsform (Verschmelzung von (Pop-)Musik und (Video-)Bild) mit einer spezifischen Distributionsform (Musik*fernsehen*) dem Musikvideo einen festen Platz innerhalb der Populärkultur. So fallen die ‚eigentliche‘ Geburtsstunde des (kommerziellen) Musikvideos und die der Musiktelevision zusammen: „*What is really important about music video is its emergence in the 1980s as a routine method for promoting pop singles*“ (Goodwin, 1992, 30). Die in den 1980ern mit den Musikfernsehsendern auf diese Weise entstandene und populär gewordene ‚Clip-Kultur‘ überschritt

8 Einschlägige Definitionen des Musikvideos finden sich bei Altrogge, 1994b; Altrogge, 2002; Winter & Kagelmann, 1993 und Bergermann, 2003.

9 Zur Entwicklung des Videoclips als Kunstgattung vgl. Barth & Neumann-Braun, 1996; Bódy & Bódy, 1986; Bódy & Weibel, 1987; Gehr, 1993; Weibel, 1987.

10 Etwa in Form so genannter „*Soundies*“ oder „*Scopitones*“ (vgl. Kurp, Hauschild & Wiese, 2002, 44ff.; Roth, 2005; Keazor & Wübbena, 2005, 55ff.).

11 Als eigentliche Vorläufer der heutigen Videoclips gelten kurze *Promotional Films*, die die Plattenindustrie in den frühen 70ern einsetzte. *Michael Nesmith*, Ex-Sänger der TV-Band ‚*The Monkees*‘ und Popsolist, brachte die in Australien übliche Bezeichnung ‚*Popclip*‘ nach Amerika und legte 1977 mit seiner Produktion ‚*Rio*‘ ein Konzeptvideo in heutigem Sinne vor (vgl. Banks, 1996, 29; Goodwin, 1992, 30; McGrath, 1996, 27ff.). In Kooperation mit *John A. Lack* produzierte er eines der ersten Pilotprojekte, das mit solchen ‚Musikfilmchen‘ eine ganze Sendung zu füllen gedachte. Die Sendung debütierte 1980 auf dem *Warner*-Kanal ‚*Nickelodeon*‘ und erhielt den Namen ‚*Pop Clips*‘; sie gilt als der direkte Vorläufer *MTVs*.

schnell die medialen Grenzen und beeinflusste Film- und Fernsehschaffende (bes. eindrücklich in der US-Serie „*Miami Vice*", die im Jahr 1984 startete und aufgrund ihrer Musiklastigkeit und der schnellen Schnitte seinerzeit als ‚videoclipartig' empfunden wurde), so dass *MTV* resp. seine Clips auch jenseits des eigenen Senders großen Einfluss auf die ästhetische Entwicklung des Fernsehens hatten (vgl. Goodwin, 1992, 186f. und Denisoff, 1988, 251ff.). Das Gros der Musikvideos wird inzwischen unter Bedingungen industrieller Massenproduktion hergestellt, dient Werbezwecken und folgt erkennbaren Genrekonventionen dergestalt, dass bestimmte Musikstile spezifische ästhetische Gestaltungsstandards resp. typische Topoi, Motive und Sujets implizieren, etwa im HipHop- oder *Dancefloor*bereich.[12]

Gleichzeitig avancier(t)en Clips zu künstlerischen Ausdrucksformen, denen in Museen eigene Ausstellungen und Retrospektiven gewidmet werden, beispielsweise in der Düsseldorfer Ausstellung „*25 Jahre Videoästhetik*" oder der Werksschau „*Chris Cunningham - Come to Daddy*" in Hannover (vgl. Keazor & Wübbena, 2005, 9). Auch die Musiksender selbst sind mit diversen Retroclipcharts und historischen Rückschauen dazu übergegangen, ihre Wurzeln zu pflegen. Solche Tendenzen der Traditionspflege und Musealisierung verweisen auf den Umstand, dass die Ära des Musikvideos einem Ende zustrebt bzw. zumindest ihren Zenit überschritten hat (vgl. ebd., 11).

1.2 Ästhetik und Interpretation des Musikvideos

Dennoch und jenseits historischer Abgesänge: Die Bauweise des Musikvideos folgt eigenen Gesetzen, welche einer gesonderten *systematischen* Betrachtung bedürfen. Im Kern heben die meisten Definitionen des Musikvideos auf die Aspekte der zeitlichen Begrenzung, der Materialität des Mediums (Video) sowie des Werbezwecks (für (Pop-)Musikinterpreten und deren Tonträger) ab. Spezifische Ästhetik und Bauprinzipien des Musikvideos erscheinen dann als eine logische Folge dieser spezifischen Aufgabenstellung, nämlich einem Popmusikstück durch ‚Zugabe' visuellen Materials zu kommerziellem Erfolg zu verhelfen. Aus dieser sozioökonomischen Grundkonstellation des (kommerziellen) Musikvideos ergeben sich weitere zentrale Strukturprinzipien der Gattung, welche vor allem dem

12 Vgl. Altrogge & Amann, 1991; Altrogge, 2000b; Kurp, Hauschild & Wiese, 2002, 52; Kerscher & Richard, 2003 sowie Keazor & Wübbena, 2005, 67ff. Dass mit solchen Genrekonventionen gespielt wird, ist ein Hinweis auf ihre stabile Verankerung innerhalb populärer Kultur (vgl. Richard, 2003).

Umstand geschuldet sind, dass ein vorgängiges tonales Produkt (Musik/ Song visuell zu unterstützen ist:[13]

Audiovision, Synästhesie, Intermedialität und Bedeutungsüberschuss

Im Musikvideo herrscht (in Abgrenzung zur Filmmusik) ein *inverses Bild-Ton-Verhältnis*, denn: „die Visualisierung hat die Aufgabe, die Musik zu propagieren und ein ‚Sehen von Tönen' zu ermöglichen" (Schmidbauer & Löhr, 1996, 12). „Im Video gibt es einen ‚*visual track*', der die Musik, aber keinen ‚*sound track*' der die Visualisierung begleitet" (ebd.). Dieser synästhetischen Verkehrung ‚natürlicher' Wahrnehmungssituationen Rechnung tragend wurden Musikvideos mit (ent-)sprechenden Bezeichnungen wie etwa „Augenmusik" (Barth & Neumann-Braun, 1996), „Tönende Bilder" (Altrogge, 2000a-c), „Werbende Klangaugen" (Hausheer, 1994), „Visueller Sound" (Hausheer & Schönholzer, 1994), „*The Look of Sound*" (Aufderheide, 1986) und „visuelles Radio" (Bechdolf, 1996) belegt. Durch die Bilder der Musikvideos beschreibt sich Popmusik selbst, lässt Musik ‚sichtbar' werden, jedoch nur – so schreiben Junker und Kettner (1996) – als „metonymischer Teil einer erlebnismäßig viel weiteren, synästhetischen Erregung, die den Sehsinn übersteigt" (53). Aufgrund dieser experimentellen Möglichkeiten zur Verschränkung von Bild und Ton, die das Musikvideo als Mediengattung eröffnet, wurde es häufig mit synästhetischen Kunstformen verglichen. Eine Reihe von Arbeiten beschäftigt sich daher mit den kulturhistorischen Wurzeln des kommerziellen Musikvideos.[14] Zudem verschränken sich in Musikvideos Funktionen und Darstellungsweisen verschiedener Mediengattungen (insbesondere (Pop-)Musik, Radio, Fernsehen, unterschiedlichste Techniken (audio-)visueller Präsentation) resp. populärer Kunstformen (wie Tanz, Schauspielerei, Styling, Starinszenierungen und Livekonzert). Koch (1996) weist darauf hin, dass Musik, Bilder und Songtext, als Sprache oder sprachähnliche Gebilde gefasst, eine je eigene Geschichte ‚erzählen', wobei diese Geschichten sich wechselseitig verstärken, hemmen oder widersprechen können. Aus dem losen Zusammenspiel dieser Ebenen entsteht eine enorme Fülle an Interpretationsmöglichkeiten, sprich: ein enormer *Bedeutungsüberschuss*.

13 Vgl. zum Folgenden auch die Arbeiten im Umkreis der *Cultural Studies* zum Phänomen Musiktelevision und Videoclips: Kaplan, 1987; Goodwin, 1993; Frith, Goodwin & Grossberg, 1993; Schwichtenberg, 1993; ein forschungsorientierter Literaturüberblick zu diesen früheren Arbeiten findet sich in Neumann-Braun, Barth & Schmidt, 1997.

14 Vgl. Gehr, 1993; Bodý & Weibel, 1987; Bodý & Bodý, 1986; Hausheer & Schönholzer, 1994.

Intertextualität, Zitativität, Assoziativität, Polysemie, Re-De-Kontextualisierung

Die hervorstechendste formale Restriktion, der Musikvideos unterworfen sind, ist ihre zeitliche Limitierung. In der Tendenz führt dies zu einer Fragmentierung bzw. Auflösung narrativer zugunsten assoziativer Kohärenzprinzipien und zu einer Verwendung prägnanter und semantisch überdeterminierter Bildfragmente und -folgen.[15] Fraglich ist dann, wie bildlichen Darstellungen in Musikvideos Bedeutungen zukommen bzw. wie sich die einzelnen Bildfragmente zu kohärenteren Aussagen verknüpfen (siehe auch unten). Bilder, Bildfolgen und -fragmente im Musikvideo weisen häufig über ihre Funktion als ‚*primary source*' (d.h. die bildliche Darstellung als solche, als ‚ikonisches Denotat') hinaus, indem sie als *intertextuelle Verweise* fungieren. Musikvideos sind angefüllt mit *Zitationen* und Anspielungen auf Hintergrundtexte wie bekannte Personen/ Stars, Filme, politische Ereignisse, historische Begebenheiten, religiöse Symbolwelten u.v.a.m. Vor allem in Konzept- und seminarrativen Videos (siehe unten) werden Bildfragmente in *assoziativer* Weise verknüpft und aufeinander bezogen (sie folgen damit weder einer Handlungs- noch einer argumentativ-rationalen Logik). Ihre semantische Struktur erscheint lose, inkohärent und bisweilen beliebig, weswegen Musikvideos in hohem Maße *Mehrdeutigkeiten (Polysemien)* produzieren, die je nach kulturellem Standort des Rezipienten in unterschiedlichster Weise vereindeutigt werden können. Neue (und unscharfe) Bedeutungen entstehen auf diese Weise grundsätzlich dadurch, dass Bekanntes neu arrangiert, d.h. in einem ersten Schritt *de-kontextualisiert* wird, um in einem zweiten Schritt *re-kontextualisiert* zu werden.[16] „Alles, was bildförmig ist" – so merken Kerscher und Richard (2003) an –, „kann und wird auch unabhängig vom Inhalt verwertet. Rhythmus und Schnitt verschmelzen selbst Unvereinbares zu einer neuen Metamorphose" (214). Musikvideos handelten sich deswegen – vor allem zu Beginn – Etikettierungen wie „Zitatenkarussell", „kultureller Steinbruch", „Bilderflut" und „Bilder-Recycling" ein, Einschätzungen, die sich vornehmlich auf sinnliche Ersteindrücke stützten sowie die Qualität des Musikvideos, Seh- und Hörsinn gleichermaßen und jenseits von Logik und Kausalität anzusprechen. Das (Film-)Bild im Musikvideo erlangt auf diese Weise eine – zumindest innerhalb populärkultureller Zusammenhänge – nie da gewesene Autonomie. Es kann mehr oder weniger explizit mit jedem Aspekt eines Musikstücks interagieren, mit rhythmischen Strukturen ebenso wie mit den Gemütsbewegungen, die durch einen Songtext zum Ausdruck kommen, mit dem Starimage der Künstler oder der Band ebenso wie mit der Klangfarbe und des dadurch unter Umständen evozierten Musikgenres.[17]

15 Vgl. Kerscher & Richard 2003; Sierek, 1994.
16 Vgl. etwa Altrogge, 1994 a und c.
17 Vgl. etwa Junker & Kettner, 1996.

Strukturbildende Elemente im Musikvideo: Popsong, Performance, filmische Montage und kultureller Kontext

Da im Musikvideo die Musik resp. der Ton die Bilder bestimmt und nicht umgekehrt[18], das Musikvideo also – wie Wulff (1989) betont – „ein Mittel [ist], den Song zu kommunizieren“ (436), liegt es nahe, zunächst die Musik resp. die ihrer Aufführung immanenten Elemente für eine Strukturbildung im Musikvideo verantwortlich zu machen: Eine basale Kohärenz entsteht daher zum einen durch die repetitive Struktur der meisten *Popsongs* sowie zum anderen durch die Inszenierung der Musikerzeugung und -aufführung durch die Künstler. Die so genannte *Performance* ist auch heute noch die vorherrschende Darstellungsform der meisten Musikvideos. So merkt Wulff (1989) an, dass „die Überlegung, den Vollzug der Musik als dominierende Makrostruktur des Textes anzusehen, nahe liegt“ (436).[19] Kohärenz entsteht des Weiteren auf der Ebene der *filmischen Montage*. Schumm (1993) zeigt am Musikvideo zum Song „*Cloudbusting*“ von *Kate Bush* wie durch spezifische Schnitttechniken die Narration formal zusammengehalten wird.[20] Musikvideos bewegen sich darüber hinaus im Rahmen einer *Popmusikkultur* und ihrer spezifischen *jugendkulturellen Stildiversifizierungen* im Allgemeinen sowie innerhalb eines *Programm-Flows der Musiksender* im Besonderen. So betonen Burnett und Deivert (1995) in Anlehnung an Andrew Goodwin (1993): „*that the meaning (of music videos – Anmerkung der Verfasser) cannot be really understood without the knowledge of the culture of pop stardom, fandom, and musical context*“ (21). Das kommerzielle Musikvideo ist also insbesondere kulturindustriellen und medienökonomischen Zwängen sowie – daraus resultierend – populärkulturellen Gestaltungszwängen unterworfen. Seine Ästhetik ist gebunden an spezifische *Herstellungs-, Verwendungs-, Distributions-, Nutzungs- und Rezeptionskontexte*. Musikvideos werden (heute) in aller Regel innerhalb musikindustrieller Produktionsbedingungen hergestellt, im Rahmen werbestrategischer Ziele verwendet, über das Medium Fernsehen resp. Internet distribuiert resp. genutzt sowie als der Welt der Populärkultur, des Pops und der Popmusik entstammende Produkte rezipiert. Insbesondere seit dem Sendestart *MTV*s ist diese – für populärkulturelle Produkte ohnehin typische – Symbiose aus Kommerz, Unterhaltung, Vergnügen und jugendlichem Lifestyle gepaart mit symbolisch-imaginärer Widerständigkeit[21] intensiviert worden.[22]

---

18 Vgl. hierzu unter anderem etwa Abt, 1988; Altrogge, 1994b sowie Behne, 1987.

19 Vgl. hierzu auch Wulff, 1999.

20 Vgl. hierzu insbesondere auch Altrogge, 2000a.

21 Vgl. grundlegend Clarke, John (1979): Stil. In: Clarke, J. et. al. (Hg.): Jugendkultur als Widerstand. Milieus, Rituale, Provokationen. Frankfurt: Syndikat. S. 133-157, Hebdige, Dick (1979): Subculture. The meaning of style. London: Methuen.

22 Vgl. Keazor & Wübbena, 2005, S. 67.

Solche Einsichten in die besondere Bauweise der Musikvideos brachten zum einen spezifische *Analyseheuristiken* hervor, welche sich zum anderen in gegenstandsbezogenen Ordnungsversuchen (*Musikvideotypologien*) niederschlugen. Versuche, Ordnung in die neuartige Bilderflut zu bringen, orientierten sich zunächst eher an literarischen, filmstilistischen und semantischen Kategorien (Goodwin, 1993; Kaplan, 1987), während aktuelle Modelle Musikvideos in *typologischer Hinsicht nach strukturellen Prinzipien* klassifizieren[23] und in *interpretativer Hinsicht innerhalb musikvideospezifischer (in diesem Sinne analytisch relevanter) Kontexte* verorten.[24] Musikvideoanalysen erfuhren dementsprechend im Zuge eines angemesseneren Gegenstandsverständnisses eine zunehmende Differenzierung und Spezialisierung resp. Eigenständigkeit.[25]

Da – anders als beim Film, welcher sich anhand von Genres ordnen lässt – der Bezug auf Erzähltraditionen als Kohärenz stiftendes Moment beim Musikvideo kaum möglich ist[26] und deswegen umgekehrt – wie Altrogge und Amann bereits 1991 anmerkten – „der Informationsgehalt der Bilder sich damit nicht aus ihren Inhalten, sondern aus den Bezügen, die zwischen den einzelnen Bildern im Kontext der Musik hergestellt werden, erklärt“ (173), ist die Ausgangsfrage heutiger Ansätze zur Interpretation von Musikvideos – so Altrogge (1994b) – die nach der „Rolle des Tons bei der Wahrnehmung der Bilder und deren möglicherweise rückwirkende Konsequenzen für die Generierung musikalischer Bedeutung“ (198). Dieser Frage lässt sich Altrogge zufolge prinzipiell in zweierlei Weise nachgehen: nämlich erstens in *rein formaler* Hinsicht, indem gefragt wird, wie tonale und bildliche Einzelereignisse bzw. Sequenzen strukturell montiert sind (etwa mit Blick auf musikalische Rhythmen und Schnittfolgen). Zweitens kann dies in *semantischer* (hierunter fallen sowohl Inhalte (Propositionen) als auch Bedeutungen, die durch Formen (formalästhetisch) erzeugt werden) Hinsicht geschehen, indem etwa auf die Korrespondenz von Musikfarbe resp. der dadurch erzeugten Stimmung und den durch die (inhaltlichen/ formalästhetischen) Bilddarstellungen denotierten/ konnotierten Bedeutungen eingegangen wird. Heutige Ansätze zur

---

23 Vgl. für frühe Versuche: Betz, 1990; Menge, 1990; Springsklee, 1987 sowie Schwichtenberg, 1992. Die luzideste Darstellung findet sich bei Altrogge, 2000a-c.

24 Vgl. etwa Kerscher & Richard, 2003; die umfänglichste Darstellung findet sich bei Keazor & Wübbena, 2005.

25 Von den frühen Videoclipanalysen im Umkreis der *Cultural Studies* (vgl. etwa: Mercer, 1989; Curry, 1993), welche eher an Film- bzw. Kulturanalysen im Allgemeinen erinnerten, heben sich neuere analytische Zugänge (vgl. insbesondere Altrogge, 2000b; Keazor & Wübbena, 2005; Kerscher & Richard, 2003; Jacke, 2003) vor allem dadurch ab, dass sie clipspezifische Strukturprinzipien (insbesondere etwa das inverse Bild-Ton-Verhältnis) und Kontexte (insbesondere etwa subkulturspezifische Ästhetiken) analytisch fruchtbar machen. Eine Sammlung einschlägiger Clipanalysen findet sich in Neumann-Braun, 1999.

26 Vgl. Helms, 2003.

Musikvideoanalyse erscheinen daher als integrierte Kombinationen *typologischen Modelle*, welche an der Frage nach musikvideoimmanenten Kohärenzprinzipien ansetzen, und darauf aufbauender *analytischer Verfahren*, welche solche Einsichten nutzen, um *formalen und semantischen Bild- und Text-/Ton-Korrespondenzen durch entsprechende Kontextualisierungen* nachzugehen. Folgende Aspekte erscheinen dabei zentral:[27]

Typologische Modelle

Ordnender Ausgangspunkt heutiger Musikvideotypologien ist die sogenannte *Performance*, welche als die selbstverständlichste Verbindung von Bild und Musik erscheint, da es sich um die synchrone visuelle Umsetzung des Gehörten in Form der Darstellung einer musikalischen Aufführung handelt, bei der Ort, Zeit und Handlung homogen sind. Musikvideos lassen sich auf diese Weise in Abhängigkeit von Sichtbarkeit und Kontextualisierung des/ der Interpreten als mehr oder weniger Performance-lastig klassifizieren. Eine Abnahme des Bezugs auf diese ‚natürliche' Situation der Musikerzeugung bedeutet eine zunehmende Artifizialität der Bilder (denn sie erscheinen nun zunehmend nicht mehr durch den Kontext der Musikerzeugung motiviert), welche andere Prinzipien der Kohärenzherstellung erzwingen. Erscheint das Bild nicht (mehr vollständig) als Ursache des Tons (*Performance*) bzw. wird deren kausale Verschränkung entkoppelt, erringen die Bilder zunehmend einen eigenständigen symbolisierenden Status. Mit steigender Autonomisierung der Bilder folgen diese damit einem eigenständigen, der visuellen Ebene immanenten *Konzept*. Je nach Kohärenzgrad der visuellen Binnenstruktur entfalten die Bilder autonome Geschichten (narrativ) oder zeigen Ereignisse (situativ) und/ oder Bildfragmente (illustrativ), welche in bloß assoziative Relationen zu Musik/ Songtext treten. Dabei gilt allgemein: Je mehr visuelle Binnenstruktur das Musikvideo in semantisch-narrativer Hinsicht erreicht, desto weniger bedürfen die Bilder der Strukturvorgabe der Musik, sowie umgekehrt gilt, dass fragmentarische Bildfolgen eher als Begleiterscheinungen der Musik wahrgenommen werden. Musikvideos lassen sich auf diese Weise hinsichtlich *performativer und konzeptueller* (mit den Unterarten: narrativ, situativ, illustrativ) Elemente beschreiben, was häufig zur prototypischen Klassifizierung von Musikvideos als (vornehmlich) *performativ* (Darstellung einer Musikaufführung/ -erzeugung), *narrativ* (die Bilder erzählen eine mehr oder weniger eigenständige Geschichte) bzw. *konzeptuell/ assoziativ* (die Bilder stehen in einem mehr oder weniger losen, situativen/ illustrativen Zusammenhang zur Musik) genutzt wird. Je nach Autonomie-

27 Vgl. zum Folgenden insbesondere Altrogge, 2000a sowie Keazor & Wübbena, 2005.

grad, welcher der visuellen Ebene zugesprochen werden kann, je nach dem, ob es sich also um eher *Performance*-lastige, eher narrative oder eher konzeptuelle Musikvideos handelt, spielen zum Teil völlig unterschiedliche Analyseaspekte eine Rolle.[28]

Dementsprechend orientiert sich die Interpretation von Musikvideos in aller Regel an folgenden Aspekten:

1. Analysedimensionen

- Analytische Trennung unterschiedlicher Ebenen der Symbolisierung (Bild, Sprache, Ton) sowie deren einzelanalytische Betrachtung hinsichtlich formalästhetischer und inhaltlicher (Propositionen) Strukturen,
- eine Analyse der Interaktionen zwischen den jeweiligen Symbolisierungsebenen (sowie deren jeweiligen formalästhetischen/ semantischen Strukturen),
- eine Analyse der rein formalen, strukturellen Zusammenhänge von Bild, Sprache und Ton, welche zudem unterschiedliche Reichweiten aufweisen können; sie können sich:
  - auf die Koinzidenz einzelner visueller, textlicher und musikalischer Ereignisse (punktuelle Kookkurrenzen von Einzelelementen: Worte, Bilder, Harmonien),
  - auf die strukturellen Parallelen, die sich auf Grund eines gemeinsamen Rhythmus von Bild und Ton/ Text über längere Zeit oder durchgängig ergeben, sowie
  - auf die Parallelen hinsichtlich der formalen Ordnung des Materials (d.h. die partielle Übereinstimmung von auditiven und visuellen Strukturen in Form einer Übereinstimmung bestimmter Ton-/ Textsequenzen mit immer wiederkehrenden Bildfolgen) beziehen.

2. Analyseheuristiken

Der Interpretationslogik sequenzanalytischer Verfahren folgend[29] lassen sich sinnstrukturierte Gebilde (hier: das Musikvideo) prinzipiell hinsichtlich vertikaler, paradigmatischer (Frage nach der spezifischen Motiviertheit einzelner Elemente/ Elementketten oder Kombinationen von Elementen/ Elementketten) sowie horizontaler, syntagmatischer Aspekte (Frage nach den syntaktischen und semantischen Mustern der Verkettung/ Verweisung innerhalb einzelner Syntagmen (Text,

---

28 Vgl. etwa die Clipanalysen von Schumm, 1993; Wulff, 1999 sowie Altrogge, 1993.

29 Vgl. zusammenfassend Schneider, 1994, 1997 sowie 2004.

Melodie, Bildfolgen) resp. deren Kombination) in den Blick nehmen. Bedeutung und Funktion einzelner Bild-, Sprach- bzw. Tonelemente bzw. -ketten und deren jeweilige Kombinationen lassen sich auf diese Weise vor dem Hintergrund nicht realisierter Möglichkeiten näher bestimmen.

3. Kontextualisierungen

Die Bestimmung der Spezifität syntaktischer/ formalästhetischer und semantischer/ propositionaler (inhaltlicher) Strukturen im Musikvideo resp. die zu diesem Zweck notwendige gedankenexperimentelle Angabe prinzipiell möglicher jedoch nicht realisierter Bedeutungsmöglichkeiten erfordert einen umfänglichen kulturellen Wissensvorrat hinsichtlich ästhetischer Gestaltungstraditionen (Literatur, Film, Kunst, Popmusik etc.), klassischer Erzählmotive/ -sujets sowie bereichs- und subkulturspezifischer Lebensstile und Ausdrucksformen. Durch die Einbettung des einzelnen Musikvideos in unterschiedlichste Kontexte (Subkultur, Musikstil, Star(-text), Album etc.) lassen sich Einzelelemente innerhalb des Musikvideos hinsichtlich Bedeutung und Funktion vereindeutigen.[30]

Resümierend lässt sich festhalten: Das Spezifische der Gattung Musikvideo ist weniger an gezeigten Inhalten festzumachen, als vielmehr an der *Form*, in der das Musikvideo visuelle, tonale und sprachliche Strukturen miteinander verknüpft. Entscheidend ist daher weniger, welches Bildmaterial präsentiert als vielmehr wie es mit der Musik verkoppelt wird (vgl. Altrogge, 1992), wodurch ein eigenständiges Produkt entsteht, welches letztlich nicht vollständig auf seine Werbungsfunktion für andere Produkte (hier: den entsprechenden Tonträger resp. den/ die Interpreten) reduziert werden kann.[31]

---

30 Siehe hierzu etwa die instruktive Analyse des HipHop-Clips „*Work it*" der Künstlerin *Missy Elliot* in Keazor & Wübbena, 2005, 79ff.

31 Dies zeigt zum einen der erfolgreiche Vertrieb von Clipsamplern als (ökonomisch wie ästhetisch) eigenständige Produkte (vgl. Keazor & Wübbena, 2005) sowie die Wandlung des Clips von einer an Stilen anderer medialer Gattungen partizipierenden zu einer selbst stilprägenden medialen Gattung, auf die Film und Werbung als Inspirationsquelle zurückgreifen.

2. Produktion: Geschichte der Musiktelevision in medienökonomischer, distributiver und programmpolitischer Hinsicht

2.1 Genese der Musiktelevision am Beispiel von MTV

Wurden *MTV* resp. die Musikvideos, welche häufig schlichtweg mit dem Musikfernsehen insgesamt gleichgesetzt wurden, anfangs als ästhetische Errungenschaften einer Genre- und Kunstgattungen sprengenden Postmoderne (vgl. Kaplan, 1987; Fiske, 1986) (miss-)verstanden, so widmeten sich Arbeiten in der Folgezeit mehr und mehr den historischen und ökonomischen Grundlagen des Musikfernsehens als sozialökonomischer Organisation (vgl. Denisoff, 1988; Goodwin, 1992 und 1993; Frith, 1988a, 1988b und 1993). Heute liegt es auf der Hand, dass das Phänomen ‚*MTV*' nicht allein kultur- oder textwissenschaftlich hinreichend erfasst werden kann, sondern vielmehr in technologische und medienökonomische Zusammenhänge der Musik- und Fernsehindustrie einzubetten ist (vgl. insbesondere Frith, 1988b, 207). So fungierte *MTV* von Anbeginn an als strategische Speerspitze im internationalen Konkurrenzkampf großer Medienkonglomerate, so dass dessen Entstehungs- und Wandlungsprozesse daher immer von ökonomischen, institutionellen (eigentums- und firmenrechtlichen) und soziokulturellen Faktoren sowie seiner Relation zu angrenzenden Branchen bestimmt war (vgl. Goodwin, 1993, 48ff.). Die Gründer *MTV*s verstanden es, ‚die Zeichen der Zeit' zu deuten und daran anzuknüpfen: Das Potential der gerade mal 30 Jahre alten Pop- und Rockmusik war noch lange nicht ausgereizt; ihre Visualisierung und ihre dadurch gleichzeitig möglich gewordene globale Verbreitung via TV sollte ungeahnte Möglichkeiten eröffnen. Die Vorboten eines solchen Wandels innerhalb der Pop- und Musikkultur waren unübersehbar: Obwohl der Versuch, Rockmusik und TV zusammenzubringen, sich zunächst oft als unglückliche Liaison entpuppte[32], häuften sich in den 70ern Projekte, die populäre Musik mit TV-Shows, Filmen und Werbespots verquickten. Die Präsentation der Popmusik beschränkte sich in einschlägigen TV-Shows wie *Shinding, Hullaballoo*, *In Concert* oder *Saturday Night Life* jedoch auf *Live*- und *Playback-Performances*. Erst der vermehrte Einsatz

32 Traditionellerweise wurde das Fernsehen als ein Familien- und die Rockmusik als ein *Peer-Group*-Medium verstanden, wobei ersteres hegemonial, letzteres dagegen distinktiv funktionierte (vgl. Frith, 1988a, 212ff.). Gegen eine Vereinnahmung der Rockmusik durch das Fernsehen sprach darüber hinaus, dass das Fernsehen kein *Live*-Medium sei, qualitativ minderwertigen Sound produziere und die Rockmusik einer rigiden Zensur unterwerfe (Beispiele finden sich in Banks, 1996, 23ff.).

visualisierter Popmusik zu Werbezwecken ebnete den Weg für *das* Erfolgsrezept *MTVs*: das Musikvideo. Damit war der Nährboden für *MTV* geschaffen: Die Popmusik eroberte das kommerzielle Fernsehen. Dieser Schritt der Verkopplung von *Sound, Vision und TV* sowie die Rekonstruktion der historischen Umstände, die eine solche Entwicklung angestoßen und ermöglicht haben, ist für ein profundes Verständnis des Phänomens *MTV*, wie wir es heute kennen, fundamental. In der Folge soll deshalb die besondere historische Konstellation mit Blick auf Entwicklungen musiktechnologischer und popkultureller, medientechnologischer und -ökonomischer, musikindustrieller sowie sozioökonomischer Natur skizziert werden, gewissermaßen eine Art Momentaufnahme der *Geburtstunde MTVs*.

Musiktechnologie und Popkultur

Eine Ende der 70er Jahre einsetzende Revolutionierung der Produktions- (*Recording-*) und Reproduktions- (*Performing-*) Technologien in der Musikbranche stellte die materielle Basis, die *Hardware*, für die Umsetzung neuer Ideen zur Verfügung: Mit Hilfe von Drumcomputern, Synthesizern und *Sequencern* konnten künstliche Sounds erzeugt, gespeichert und beliebig oft wieder abgerufen werden. Durch Computer-Sampling war es möglich geworden, ganze Stücke zu komponieren, ohne selbst je ein entsprechendes Instrument bemüht haben zu müssen. Der Job des Studiomusikers war geboren: Versierte Musiker verliehen ihr handwerkliches Geschick, um für die Retorte Sounds zu produzieren, die künftig dazu eingesetzt werden konnten, neue Songs zu sampeln. Die Umwälzungen im Bereich der Produktion veränderten das traditionelle Konzept der *Live-Performance*: Reproduktionstechnologien hielten Einzug in die ‚*Live-Acts*' der Popmusik allein schon deshalb, weil sich die technisch aufwendig produzierten Songs einer *Live*-Präsentation im herkömmlichen Sinne sperrten. Konzertbesucher der frühen 1980er Jahre begannen sich daran zu gewöhnen, dass die bei Bühnenauftritten erzeugte Musik unterschiedlichsten Quellen entstammte und dass deshalb die Band, die sie ‚*live*' sahen, nicht unbedingt in dem Sinne *live* spielte, dass Sounds mittels herkömmlicher Musikinstrumente aktuell erzeugt wurden.

Die Grenzauflösung zwischen künstlicher und *Live-Performance* und ein damit verbundenes „*displacement of the musician*" (Goodwin, 1992, 32) bewirkten eine Relativierung auditiver bei gleichzeitiger Aufwertung visueller Qualitäten der Musik: Mehr und mehr bedeutete ‚*live*' aufzutreten weniger aktuell Musik zu erzeugen, als vielmehr eine dem jeweiligen Starimage angemessene Show zu inszenieren. Je mehr Popmusik sich im Laufe der 1980er Jahre als visuelles Gesamtkunstwerk präsentierte, desto mehr verschob sich die Rolle des Popinterpreten vom Musiker zum *Performer*. Hand in Hand mit technologischen Neuerungen begann also die *Live*-Ideologie als Authentizitätsprädikat des traditionellen Rocks zu bröckeln und eine Welle der *Artifizialisierung* die Werte der Rock- und Popwelt zu erfassen.

Insbesondere Künstler der in der Post-Punk-Ära gediehenen Stilrichtungen des *New Wave* oder *New Pop* definierten sich selbst und ihr Schaffen weniger als Musik bzw. als ‚Musik machen', denn als popkulturelle Arrangements. Lippensynchrones Singen und die Selbstpräsentation zur Musik wurden zum integralen Bestandteil der *Pop-Performance* und bereiteten damit den Boden für das Musikvideo als *der* popkulturellen Ausdrucksform der kommenden Jahre. Den im Zuge dieser Strömungen entstandenen *Popclips* (s.o.) mangelte es allerdings an geeigneten Foren, da das traditionelle *Broadcast*-TV keine regelmäßigen Programmplätze anbot, in denen solche Clips hätten gezeigt werden können. Die im Folgenden zu erörternde Entstehung geeigneter Distributionsstrukturen kann als weitere notwendige Bedingung für die Entwicklung eines Musikfernsehens gelten.

Medientechnologie und Werbeökonomie

Erst mit der Entstehung des Kabel- und Satellitenfernsehens in den USA Ende der 70er Jahre wurde der Raum für Spartenkanäle im Stile *MTVs* geschaffen (vgl. Frith, 1988a). Herkömmliche Sender funktionierten nach der Devise: Je breiter das Programmangebot, desto größer die potentielle Zuschauerschaft, desto höher die Werbeeinnahmen. Spartenkanäle dagegen setzten auf eine Kombination aus *Narrowcasting* (spezialisiertes Programmangebot) und *Globalcasting* (Erreichen eines ‚Weltpublikums'). Zur werbestrategischen Zauberformel avancierte das Schlagwort der *Zielgruppenspezifität*: Man war nun in der Lage, ein relativ enges Bevölkerungssegment nahezu weltweit zu erreichen. Die Zielgruppe der Jugendlichen – bisheriges Stiefkind der televisionären Werbekommunikation – rückte mit dem Emporkommen der Spartenkanäle in greifbare Nähe[33].

Neben der Entstehung eines lukrativen TV-Jugendmarktes stieß das aufkommende Kabel- und Satellitenfernsehen eine weitere Entwicklung an, die für die Genese *MTV*s entscheidend sein sollte: Mit der explosionsartigen Vermehrung von Fernsehsendern wuchs das Bedürfnis nach preiswerteren Programmformaten (vgl. Goodwin, 1992, 37f.). Da sich Werbeeinnahmen – als nahezu ausschließliche Einnahmequelle kommerzieller Sender – nach Einschaltquoten bemessen und der Zuwachs an Sendern eine Fragmentierung des TV-Marktes, damit also sinkende

---

33 Dies dokumentiert *MTV* beispielsweise durch seine Selbstinszenierungspraxis in der Werbekommunikation: „*MTV - Jugend ohne Streuverluste*" (*MTV* Werbeprospekt, 1998a; s. auch *MTV* Werbeprospekt, 1998c).

Einschaltquoten bedeutete, waren die Sender gezwungen, entweder durch Einwerbung von Spots ihre Einnahmen zu erhöhen oder durch die Verbilligung ihrer Programmproduktion ihre Ausgaben zu verringern. Weil die Werbeminute nicht proportional zum durchschnittlichen Zuwachs an Sendezeit verteuert werden konnte, mussten die Sender versucht sein, die durchschnittlichen Kosten für das Programm zu senken. Sinkende Qualitätsstandards und *Recycling*-Strategien waren eine gängige Lösung. Das *MTV*-Format bot eine bessere: Werbung und Programm im ‚Doppelpack' garantierten qualitativ hochwertiges Programm zum Nulltarif. Dass der Impuls, einen Musiksender zu gründen, weniger aus der Musik- als vielmehr aus der Fernsehindustrie kam, zeigen die Umstände der Entstehung *MTVs*: Unter der Prämisse, einen dritten und kostengünstigen Sender in der TV-Branche zu etablieren, wurde die Entwicklung *MTVs* einer auf Kabel- und Satellitenprogramme spezialisierten Tochterfirma des *Warner Amex*-Konzerns übertragen (s.u.).

Musikindustrie und Videoclips

Als dritter entscheidender Geburtshelfer eines Musikfernsehens erwiesen sich Umwälzungen in der Musikindustrie. Seit der Kommerzialisierung von Rockmusik in den 1950ern galt der Verkauf von Tonträgern als sicheres Geschäft. Um so unvorbereiteter und härter traf die Rezession Ende der 70er die erfolgsverwöhnte Musikbranche: Die Umsätze verkaufter Tonträger fielen in den USA von 726.2 Mio. (1978) auf 575.6 Mio. (1982) und die Bruttoeinnahmen sanken im gleichen Zeitraum von 4.31 Mrd. auf 3.59 Mrd. (vgl. Banks, 1996, 31; Frith, 1988b, 92f.). Neben vielerlei kontrovers diskutierter Ursachen (*Home-Taping*, Mangel an Stars, Konkurrenz durch die wachsende Anzahl alternativer Medienprodukte, rezessive Wirtschaft etc.) war eines Konsens: Die Musikindustrie brauchte effektivere Formen der Produktwerbung. Konzerttourneen und das Radio als vormals einzige Formen der *Promotion* von Popmusik hatten sich als zu kostenintensiv, schwerfällig, konservativ und in der Reichweite als zu begrenzt erwiesen. Hand in Hand mit popkulturellen Wandlungsprozessen (s.o.) bot *MTV* ein neues, effektiveres Werbemedium: die Musikvideos. Der Clip knüpft zwar an die Idee der *Live-Performance* von Popmusik (d.h. ihrer prinzipiellen Aufführbarkeit) an, stilisiert und artifizialisiert jedoch den Auftritt des Künstlers zu Werbezwecken: Die Inszenierung des Künstlers im Clip ist Auftritt und Werbung zugleich, ist „*performance-as-promotion*" (Goodwin, 1992, 25). Damit ist eine Waren- und Werbeform geschaffen, die das Produkt ‚Popmusik' nicht nur synästhetisch erweitert, sondern auch in weitaus höherem Maße manipulierbar, reproduzierbar und distribuierbar macht. Das kommerzielle Musikvideo garantierte somit eine kostengünstige (im Vergleich zu Tourneen), globale und reichweitenintensive (durch die Verbreitung via TV), vernetzte und integrierte (Visualisierung schafft ein größeres Potential für

Strategien der *Cross-Media-Promotion*[34]) sowie kontrollierbare (aufgrund höherer vertikaler Integration) Form der *Promotion* von Popmusik. *MTV* avancierte nicht nur zum Retter einer angeschlagenen Tonträgerindustrie, sondern erwies sich darüber hinaus als ein Medium, das mit den Tendenzen des Strukturwandels innerhalb einer wieder erstarkten Musikindustrie perfekt harmonierte.

So lässt sich das Emporkommen eines Musikfernsehens erstens als eine Antwort auf die Profitabilitätskrise der Musikbranche und der damit einhergehenden Verschiebung von Einnahmequellen begreifen: Die Plattenindustrie trat im Laufe der 1980er Jahre zusehends als Rechtehändler (*Right Exploiter*) und weniger als Warenproduzent in Erscheinung, das heißt, Kapital wurde mehr und mehr daraus geschlagen, dass Songs, Videoclips und Stars als Werbemedien für andere Produkte eingesetzt wurden (vgl. Frith, 1988b, 93ff.; Goodwin, 1992, 39). Deutlichstes Indiz für die Tendenz, in erster Linie Fernsehunterhaltung statt Musik zu verkaufen (vgl. Frith, 1988b, 92ff.), ist, dass die Plattenindustrie Mitte der 1980er Jahre Lizenzgebühren für die Ausstrahlung von Clips institutionalisierte. In engem Zusammenhang hiermit steht zweitens, dass Popkarrieren zusehends weniger linear als vielmehr punktuell verliefen. *Simon Frith* belegte diese Verschiebung mit den dichotomen Begriffen der ‚*Rockpyramid*' und des ‚*Talentpools*' (vgl. Frith, 1988b). Die 1980er und beginnenden 1990er Jahre werden zur Zeit der *Shooting-Stars* und *Revivals*[35]. Korrespondierend dazu etablierten sich drittens die Vermarktungsstrategien des ‚*Packagings*' (vgl. Burnett, 1996, 5; Frith, 1988b, 88ff.) und ‚*Recyclings*' (vgl. Bunting, 1995, 54ff.): Neue Produkte gerieten zu Arrangements Erfolg versprechender Einzelteile und etablierte Produkte zu Diversifikationen in neuem Gewand. Eine Schlüsselrolle in diesem Medienverbund spielten die Musiksender und ihre Musikvideos: Erstere fungierten mehr und mehr als werbestrategisches *Environment* und letztere als *Promotional Tools* für alle Arten popkultureller Waren. Dass diese Funktion bereits in der Entwicklung *MTV*s angelegt war, belegen

---

34 Klassische Beispiele sind *Joint Ventures* zwischen Film- und Musikindustrie: Kinofilme und Tonträger werden vernetzt *promoted*, meist auf der Basis stark beworbener *Labels* und Starfiguren (vgl. grundlegend Dreier, 2006a). Die Produkte, die unter dem *Label* ‚*Men in Black*' und um den *Star* ‚*Will Smith*' herum angeboten werden (beispielsweise der Film, der Song, das Album, der Clip, der Soundtrack und alle *Merchandising*-Produkte vom T-Shirt bis zum Schokoriegel), nehmen Waren- und Werbeform zugleich an: Sie werden als einzelne Produkte verkauft und bewerben sich wechselseitig (vgl. Müller, Eggo, 1999: Populäre Visionen. Ein Sampler zur Debatte um Musikclips und Musikfernsehen in den Cultural Studies. In: Neumann-Braun, K. (Hg.): Viva MTV. Popmusik im Fernsehen. Frankfurt/M: Suhrkamp. S. 74-89). Darüber hinaus entstehen verschiedene Jugendmusiksendungen als Koproduktionen von Fernseh- und Clipproduktionsfirmen (z.B. die Sendung ‚*Wired*' als einem *Joint Venture* zwischen der TV-Industrie und *Initial Film*) sowie vielerlei TV-Musikmischfirmen (z.B. *Hadrian Production*), die darauf spezialisiert sind, telegene Musiksendungen zu entwickeln (vgl. Frith, 1993, 70ff.).

35 Eine umfassende Zusammenstellung popkultureller Produkte und Trends der 1980er Jahre gibt Rettenmund, 1996.

frühe Selbstdefinitionen: „*It's an environment that's created around the centerpiece of music and a youth culture lifestyle you can buy into*" (*Mark Booth, MTV Europe's* Managing Director über *MTV*, zit. n. Frith, 1988a, 209).

Publikumsdiversifizierung und Musikspartenkanäle

Das TV-Format ‚Musikfernsehen' war in den Anfangsjahren vor allem auf eines angewiesen: auf ein Publikum, das die neue Darreichungsform von Rock- und Popmusik akzeptierte und nutzte. Hinsichtlich des Musikkonsums konnten die soziokulturellen Rahmenbedingungen der beginnenden 1980er Jahre günstiger nicht sein: Ein alterndes Rockpublikum und die Entstehung einer Jugendkultur, in deren Zentrum nicht mehr allein die Musik stand (Goodwin, 1992, 39f.), kurz ‚fernsehreife' Rockveteranen und an einer visuellen Popkultur orientierte ‚*New-Wave-Kids*' ebneten der widerständigen Rockmusik der 1970er den Weg ins kommerzielle Fernsehen der 1980er Jahre. Darüber hinaus profitierte *MTV* von den Effekten gesamtgesellschaftlicher Tendenzen: Der einsetzende ‚Individualisierungsschub' und die daraus resultierende Entstehung kultureller Nischen brachte den Einheitsmarkt zum Bröckeln. Die Konsumgüter- und Werbebranche reagierte darauf mit einer Differenzierung des Warenangebots und der Produktwerbung. Daraus ergab sich die Notwendigkeit, jeweils relativ begrenzte Gruppen mit spezifischen Produkten und Werbungen versorgen zu müssen. Das Muss zur Zielgruppenspezifität zwang die Medienindustrie gegenüber den Werbetreibenden in eine zunehmend spezifisch werdende Zulieferungsrolle und wies Medieninhalten mehr und mehr die Aufgabe eines Werbeumfelds zu. Diese zielgruppenspezifische Fragmentierung der populären Medienkultur sollte nun im Modell eines *Music-TeleVisions* seine Entsprechung finden.

Dennoch gestaltete sich die *Etablierung eines Musiksenders* Ende der 1970er Jahre alles andere als einfach. Plattenfirmen, Werbetreibende und Kabelnetzbetreiber begegneten dem Projekt skeptisch, Erfahrungen mit Zuschauerakzeptanzen gab es nicht.[36] Die Entstehungs- und Erfolgsgeschichte *MTVs* liest sich daher wie ein spannender Kampf (vgl. Banks, 1996, Kap. 2; Denisoff, 1988; McGrath, 1996), eine potentiell erfolgsträchtige Geschäftsidee ‚ins Rollen zu bringen' und gegen Konkurrenten zu verteidigen.[37] Nach positiv verlaufenen Verhandlungen

36 Aus diesem Grund startete *Warner* zwei Testläufe: Um Informationen darüber zu erhalten, wie Musikvideos im Fernsehen von Zuschauern aufgenommen werden, wurden 1980 die 30-minütige Sendung ‚*Pop Clips*' und die 90-minütige Clip-Show ‚*Sight on Sound*' auf den *Warner* eigenen Sendern *Nickelodeon* und *QUBE* präsentiert.

37 Symptomatisch hierfür: Dem Widerstand der großen Kabelnetze, *MTV* einzuspeisen, begegnete *MTV* mit der ‚*I Want My MTV*-Kampagne'. 1982 beginnt *MTV* in Schlüsselregionen, Werbespots zu senden, in denen Popstars wie *David Bowie* und *Pat Benater* auftreten, denen sinngemäß fol-

mit der Platten- und Werbeindustrie (beide signalisierten prinzipiell Interesse, in einen solchen Sender zu investieren) und intensiven Marktanalysen ging *MTV*[38] am 01.08. 1981 um 12.01 Uhr auf Empfang. Der Sendestart *MTV*s wurde von einem symbolträchtigen Spot eingeleitet: Unterlegt von einer pompösen Musik, erschienen Originalbilder der ersten Mondlandung und der allen Amerikanern vertraute *Neil Armstrong* sprach seine berühmten Worte[39] und platzierte (s)eine Flagge auf dem Mond, die jedoch keine *Stars and Stripes*, sondern ein *MTV*-Logo zierte. Der darauf folgende erste Clip war nicht weniger symbolträchtig: Die Popband ‚*Buggles*' sangen ihr ‚*Video Killed the Radio Star*'.

Der weitere Werdegang *MTV*s lässt sich durch die Entwicklungsphasen der Etablierung, Konsolidierung und Expansion kennzeichnen (vgl. dazu ausführlich Goodwin, 1993, 48ff. sowie zfs. Schmidt, 1999).

Phase der Gründung und Etablierung (1981-1983)

Der Erfolg des neuen Produkts hing entscheidend davon ab, ob es gelang einen Musiksender zu etablieren, der mehr war als ein visuelles Radio, mehr als einfach ein zusätzlicher Spartenkanal, in dem Musikclips laufen. McGrath zufolge sah Robert Pittman, damaliger Programmchef, seine Aufgabe darin, aus vorhandenen Mitteln etwas Neues zu schaffen: „*In short, it would have to be more than just rock and roll on television; it would really have to be rock and roll television*" (McGrath, 1996, 47). *MTV* verband Altes mit Altem in neuem Gewand: Existierendes Jugendentertainment (Rock- und Popmusik; Radioformat) wurde in bis dahin ungewöhnlicher Verpackung (Musikvideos) ins Fernsehen gebracht und trug damit zu einem Bedeutungswandel beider Medienformen bei. Fernsehen wurde plötzlich sozialsymbolisch besetzt und funktionierte *distinktiv*, Rockmusik dagegen wurde häuslich, artifiziell und zeitlich abgekoppelt vom Erlebnis der *Live-Performance* (vgl. Frith, 1988b, 213f.). *Tom Freston*, *MTV*s damaliger Marketingchef, bringt

---

gende Worte in den Mund gelegt werden: „*I want my MTV…Pick up your phone, call your local cable operator and demand your MTV*". Die Kampagne wurde ein sensationeller Erfolg: Im Winter 1983 war der Sender in 18 Mio. Haushalten zu empfangen, das bedeutete einen 900%igen Reichweitenzuwachs seit dem TV-Debüt im August 1981. Die Kampagne resp. die Form des Marketings (Selbstinszenierung als Sprachrohr der jungen Generation) ist seit dem eine Insignie des Senders (vgl. etwa der Buchtitel „*I still want my MTV*" (Williams, 2003).

38 Der Arbeitstitel des neuen Senders ‚*TV-M*' erschien den Machern zu hölzern. Nachdem man eine Weile mit den Buchstaben experimentiert hatte, stand der Name fest: Der neue Sender sollte ‚*MTV*' heißen. Kurze Zeit darauf entwickelte die New Yorker Werbeagentur *Manhattan Design* das Logo *MTV*s: Auf einem großen ‚M', das wie eine aus Backsteinen zusammengesetzte Mauer erschien, verlor sich ein kleines ‚TV', das wie ein aufgesprühtes Graffiti wirkte (vgl. McGrath, 1996, 48f.).

39 „*That's one small step for man, one giant leap for mankind*" (zit. n. McGrath, 1996, 61).

die Strategie der Gründerjahre auf den Punkt: „*What MTV has done has been to revolutionise the way people view and use television and listen to and consume music. We took the two pastimes of a generation - watching TV and listening to music - and wedded them*“ (zit. n. Frith, 1988b, 212). Die entscheidende Rolle für den Durchbruch *MTV*s sollte nach *Pittman* jedoch weniger das ‚Was‘ als vielmehr das ‚Wie‘ der Programmgestaltung spielen: „*People don't watch these clips to find out what's going to happen. They watch to feel a certain way. It's a mood enhancer. It's the essential appeal translated into visuals*“ (*Pittman* zit. n. Frith, 1988b, 209). Zudem verschrieb sich *MTV* – in Absetzung zum traditionellen *Broadcast*-TV – einer eigenen Präsentationsästhetik (heute als ‚*MTV-Style*‘ zu einer eigenständigen populärkulturellen Ästhetik geronnen), deren zentrale Konzepte als *Flow* (im Gegensatz zu diskreten Programmeinheiten) und *Narrowcasting* bezeichnet werden. Hinzu kamen entsprechende Details der Imagekonstruktion: Vom gesprayten Programmlogo über die betont schlampige Innenausstattung der Studios bis zur Sprache und Kleidung der *VJs*[40]. So verstand es *MTV* von Anbeginn, sich als unkonventionelles, fernsehfeindliches und widerständiges Medium der Jugend zu inszenieren.[41]

Programminhalte der frühen Jahre orientierten sich an der von *MTV* von Beginn an favorisierten Zielgruppe, der *Young Urban White Males*, deren Musikgeschmack mit so genanntem *AOR* (*Album Oriented Rock*) abgedeckt werden sollte. Diese Zielgruppe bot mehrere Vorteile: Sie besaß das technische Equipment *MTV* zu empfangen, verfügte über ausreichende Kaufkraft, war quantitativ am stärksten vertreten und galt als Gruppe, die überdurchschnittlich viel für Tonträger und entsprechende *Merchandising*-Produkte ausgab. Darüber hinaus war *MTV* anfangs gezwungen, zunächst zu nehmen, was kam. Und das waren vor allem Clips von Künstlern und Künstlerinnen aus Großbritannien, die sich dem sogenannten ‚*New Pop*‘ verschrieben hatten. *MTV* schien aus der Not eine Tugend zu machen und hatte damit Erfolg: ‚*New Pop*‘ sollte zu jener Musikrichtung werden, die *MTV* zum Erfolg führte und mit der – in der Retrospektive – *MTV* heute noch identifiziert wird (vgl. Goodwin, 1993). Der durchschlagende Erfolg ließ jedoch zunächst auf sich warten: Die ersten drei Jahre schrieb *MTV* rote Zahlen, blieb in den USA ein weithin unbekanntes Phänomen und erzielte marginale Reichweiten (anfangs

---

40 Das *Casting* für die ersten *VJs* beispielsweise dauerte über ein halbes Jahr und wurde von einer speziell zu diesem Zweck gebildeten Abteilung durchgeführt. Die Leiterin, *Sue Steinberg*, ließ mit weit über hundert Personen in verschiedenen Städten Amerikas aufwendige Bewerbungsgespräche führen, bis endlich im Juni 1981 *Alan Hunter*, *Martha Quinn*, *Nina Blackwood*, *Mark Goodman* und *J.J. Jackson* als die ersten *MTV-Vee Jays* feststanden (vgl. McGrath, 1996, 53ff.).

41 Prototypisch hierfür: Die „*Willkommen zuhause*“-Kampagne der frühen 1990er (vgl. Neumann-Braun, 1996 und 1999 (s. Abbildung 1).

Abbildung 1

1,8 Mio. Haushalte). Obwohl sich diese Phase durch wichtige Weichenstellungen für die weitere Entwicklung *MTVs* auszeichnet, ist sie insgesamt in ihrem Einfluss auf Zuschauer und Medienindustrie vernachlässigbar.

Phase der Konsolidierung (1983-1985)

Nach erfolgreicher Gründung ging es nun vorrangig darum, die eigene Marktposition zu stärken und Konkurrenten auszuschalten. *MTV* sollte diese Bewährungsprobe gelingen; die Jahre 1983-1985 gingen als *‚Second Launch'* in die Geschichte des Senders ein (vgl. Denisoff, 1988). Augenfälligster Indikator des Durchbruchs ist zunächst die Tatsache, dass der Sender 1984 zum ersten Mal seit seinem Debüt schwarze Zahlen schrieb (vgl. Banks, 1996, 41). Gleichzeitig kommt es zu einer immensen Zunahme der Reichweite: Im Dezember 1983 erreichte *MTV* 18 Mio. Haushalte, was knapp einem Viertel aller US-amerikanischen Haushalte mit Fernsehanschluss entsprach. Ein wahrer Videomusikboom bricht aus, der sowohl Musikfans als auch die Plattenindustrie in seinen Bann schlägt.[42] Der Sieges-

42 Einschlägigstes Beispiel dieser Entwicklung ist der Videoclip zum Song *‚Thriller'*, der zur damaligen Zeit alle Rekorde bricht: Mit einem Kostenaufwand von 3 Mio. DM dreht der Regisseur *John Landis*, unter anderem bekannt durch den Kultfilm *‚Blues Brothers'*, einen 14-minütigen ‚Kurzfilm' (vgl. Schmidtbauer & Löhr, 1996, 14), in dem sich *Michael Jackson* im Rahmen einer Liebesgeschichte und unter Einsatz aufwendiger filmtechnischer Mittel in verschiedene Monster verwandelt (vgl. Mercer, 1989). Der Clip wurde derart begeistert aufgenommen, dass

zug des Clipsenders beim Publikum erfasste das Popmusikgeschäft in seiner ganzen Breite und schuf harte ökonomische Fakten: Nachdem *MTV* Bands wie *The Stray Cats* und *Duran Duran*, die nahezu keine Radioausstrahlung erhielten, zum Durchbruch verhalf (vgl. ebd., 36f.), investierten mehr und mehr *Labels* in das neue Werbemedium. Die US-amerikanische Tonträgerindustrie begann sich zu erholen. 1984 stiegen die Umsätze der Branche auf über 4 Mrd. US $ und stellten damit die Rekordumsätze des Jahres 1978 ein (ebd., 41). Clips arrivierten darauf hin zu einem marketingstrategischen Muss und verdrängten Konzerttourneen und das Radio zusehends. *Len Epand* von *Polygram Records* mutmaßte seinerzeit: „*If you're not on MTV, to a large share of consumers you just don't exist*“ (zit. n. ebd., 42), und die Zahlen sollten ihm Recht geben: Während 1981 gerade mal 23% aller *Top 100-Songs* einen begleitenden Videoclip einsetzten, stieg diese Zahl im Mai 1983 auf 59% und erreichte ein Jahr später gar 76% (vgl. ebd., 42).

Der kontinuierlich wachsende Stellenwert der Videomusik manifestierte sich einerseits in der beträchtlichen Erweiterung des Engagements der Plattenfirmen als auch in dem dramatischen Anstieg der Durchschnittskosten für Videoclips: Die *Labels* begannen separate Spezialabteilungen zu etablieren, deren einzige Aufgabe darin bestand, die Entwicklung und Produktion der Clips durchzuführen. Der Investitionsumfang der Branche in den neuen Werbezweig stieg 1984, dem Magazin *Fortune* zufolge, auf 2.000 produzierte Videoclips für insgesamt 100 Mio. US $, was eine Verdreifachung im Vergleich zum Jahre 1982 bedeutete. Die durchschnittlichen Kosten für Videoclips erhöhten sich im gleichen Zeitraum von 15.000 auf 50.000 US $ und erklommen in Einzelfällen Rekordhöhen von über 100.000 US $[43] (ebd., 43).

Daneben begann *MTV* sich bereits in diesen frühen Jahren programmpolitisch vom ursprünglichen Konzept zu entfernen und aus werbestrategischen Gründen eine *Konventionalisierung* des Programms anzustreben: Nach und nach wird das *Flow*-Prinzip aufgegeben und stattdessen diskrete Programmeinheiten eingeführt und eigene Sendungen (z.B. *The Basement Tapes* und *MTV Countdown*) entwickelt. In musikstilistischer und -ästhetischer Hinsicht begannen *Heavy Metal* und *Performance-Clips* das Programm zu beherrschen.

das Album ‚*Thriller*‘ bereits zehn Monate nach seiner Veröffentlichung zum bis dato erfolgreichsten Projekt von *CBS-Records* wurde und sich allein in den USA 10 Millionen mal verkaufte. Einschlägige Beispiele und Hintergründe finden sich in McGrath (1996, Kap. 5-9).

43 Der Videoclip zu *Madonnas* Hit ‚*Like a Virgin*‘ kostete damals beispielsweise bereits 150.000 US $.

Phase der Krisenbewältigung, Diversifizierung und Expansion (1986-1996)

‚*MTV had become boring*" (zit. n. Banks, 1996, 123) – so bringt *Tom Freston*, seinerzeit Programmchef, die Krise des Senders Mitte der 1980er Jahre auf den Punkt. Diesen Zustand zu ändern, galten alle der nachfolgenden Anstrengungen auf medieninhaltlicher, selbstpräsentativer, ökonomischer und firmenorganisatorischer Ebene, welche daher zunächst als kurzfristig gedachte Maßnahmen zur (ökonomischen) Krisenbewältigung zu begreifen sind, jedoch Trends initiierten, die *MTV* bis heute nachhaltig prägen sollten:

- In musikstilistisch-clipästhetischer und programmgestalterischer Hinsicht setzt *MTV* zunehmend auf *Diversifizierung*. Die beginnende so genannte Post-*Pittman*-Ära zeichnet sich vor allem durch die Etablierung von *Special-Interest*-Formaten aus, mit denen junge Zuschauer verschiedenster Couleur angelockt und Werbekunden streuverlustärmer bedient werden konnten, so etwa durch den Aufgriff innovativerer Musikstile, insbesondere *Rap* und *Cross-Over*.[44] Ebenso wird das so genannte *Flow*-Prinzip zugunsten von *Dayparting*-Formaten (diskrete Sendungen mit festen Zeiten) aufgegeben. Es setzt die Entwicklung eines differenzierteren Programmplans ein, welcher zunächst eine Auffächerung der Musiksendungen nach spezifischen Musikstilen mit sich bringt (z.B. präsentierte *YO! MTV Raps Rap*-Musik, *Headbangers' Ball Heavy Metal*, *Club MTV Dancefloor* und *120 Minutes Alternative Rock*). Ferner wurde die Programmpalette um typische Fernsehformate erweitert (etwa Cartoons, Sport- und Nachrichtensendungen, Comedy- und Gameshows sowie Film- und Kulturmagazine).
- Hinzukam eine Profilierung des eigenen Images, *der* Sender einer internationalen Jugendkultur zu sein. Neben der dokumentarischen Begleitung aktueller Highlights der Popwelt (z.B. der Tod *Kurt Cobains*) sind es v.a. Selbstpräsentations- (etwa neue *VJs*, Erneuerung des visuellen Styles) sowie Werbemaßnahmen, die hierfür eingesetzt werden. Etwa die multimillionenschwere Werbe-

44 Als einer Kombination aus ‚schwarzem' *Rap* und ‚weißem' *Heavy Metal* (das sind zunächst *Joint Ventures*: z.B. *Run DMC/ Aerosmiths ‚Walk this way'* und *Fat Boys/ Beach Boys ‚Wipe out'*; und schließlich Bands wie *Beastie Boys* und *Living Colour*, die schwarze und weiße Musikformate vermischen) war diese Stilrichtung insbesondere dazu geeignet, ein Problem zu lösen, das *MTV* seit den Gründungstagen verfolgte: Aus verschiedenen Richtungen immer wieder der Diskriminierung schwarzer Künstler und Künstlerinnen bezichtigt, beriefen sich *MTV*-Sprecher routinemäßig auf den kommerziellen Status *MTVs*, der es mit sich brächte, die Kernzielgruppe zu bedienen; und diese höre eben weit weniger ‚schwarze' Musik als *Rock* und *Heavy Metal* weißer Musiker (vgl. Banks, 1996, 39ff. und 57ff.). Der kommerzielle Erfolg schwarzer *Rap*-Musik und insbesondere der *Cross-Over-Bands* ermöglichte es *MTV*, sich elegant vom Image eines ‚weißen Senders' zu verabschieden.

kampagne ‚*Some People Just Don't Get It*', die 1985 eingesetzt wird, um sich in ironischer Weise gegen öffentliche Diffamierungen zu wehren und damit gleichzeitig Rückgrat zu beweisen. Sie zeigte – aus der Perspektive der Zielgruppe – Antisympathieträger wie konservative Politiker und Vertreter kirchlicher Organisationen, die in klischeehafter Weise über den Sender und sein Programm herzogen. Die Strategie zeitigte Erfolg: Selbstproduzierte Sendungen arrivierten zu Verkaufsknüllern (z.B. die äußerst erfolgreiche Sendung ‚*Remote Control*') oder gewannen gar Kultstatus (z.B. ‚*MTV-Unplugged*' und ‚*Beavis and Butt-Head*') und die *VJs* wurden als internationale Stars gehandelt (z.B. *Ray Cokes*, *MTV-Europe's* Moderator der Sendung ‚*MTV Most Wanted*').

- Letztlich ausschlaggebend für den Erfolg *MTVs* erwiesen sich allerdings die hartnäckigen Bemühungen, einen globalen Jugendmarkt *exklusiv* erreichen zu können. Das Potential war *Tom Freston* zufolge allemal vorhanden: „*This is the first international generation. They wear Levis, shop at Benetton, wear Swatch watches and drink Coca Cola*" (zit. n. ebd., 104), und den Schlüssel zur Konsumwelt der transnationalen Jugend hielt *MTV* – in der Vorstellung seiner Betreiber – bereits in den Händen: „*Music is the global language*. (…). *We want to be the global rock 'n' roll village where we can talk to the youth worldwide*" (zit. n. ebd., 104), so *MTV*s *Sara Levinson*. Die Umsetzung erfolgte in doppelter Hinsicht: zum einen durch die Gründung von *MTV*-Ablegern in Übersee (s.u.), zum anderen durch globale Werbefeldzüge im Verbund mit der Platten- und Konsumgüterindustrie (vgl. ebd., 105ff.). Die Rechnung ging auf: *MTV* erreichte 1995 mehr als 250 Mio. Haushalte in 58 verschiedenen Ländern der Welt (ebd., 200) und errang damit den konkurrenzlosen Status des einzigen globalen Werbemediums für jugendspezifische Tonträger und Konsumgüter.

Neben solchen senderinternen Maßnahmen und Umstrukturierungen wird *MTV-N*[45] in den Jahren 1985 und 1986 trotz anhaltendem Erfolg des Senders an den Konzern *Viacom Inc.*[46] für insges. 780 Mio. US $ verkauft (vgl. Banks, 1996, 117). Unter der Regie des *Viacom*-Konzerns – nach *Time Warner* das zweitgrößte

45 1984 geht *MTV* an die Börse; die hierfür gegründete Aktiengesellschaft nennt sich *MTV-Networks*, kurz: *MTV*-N. Der ursprüngliche, 1981 gegründete Fernsehsender ‚*MTV*' fungiert seitdem als ein Spartenkanal neben anderen (etwa Nickelodeon oder *VH1*) innerhalb eines weltweiten *TV-Networks* (siehe unten).

46 Die *Viacom* (kurz für: *Video and Audio Communication*) ist ein US-amerikanisches Medienkonglomerat (Hauptsitz in New York City) mit verschiedenen weltweiten Beteiligungen an Kabel- und Satellitenfernsehgesellschaften (etwa *MTV Networks* und *BET*), Videospielherstellern (etwa *SEGA of America*) sowie Filmproduktions- und Verleihfirmen (etwa *Paramount Pictures*, *Dreamworks*). Ausführlichere Firmenprofile finden sich bei Lingemann (2005) und Dreier (2006b).

Medienkonglomerat der Vereinigten Staaten – fanden tiefgreifende personelle und strategische Umwälzungen statt: Die Ära einer zweiten Generation beginnt, für die Musikfernsehen ein alltägliches Phänomen geworden war. Darüber hinaus fungierte *MTV* innerhalb des *Viacom*-Konzerns zunehmend als strategisches Distributions- und Werbemedium für konzerneigene Produkte und wurde im Kampf um internationale Märkte als ‚Wegbereiter' eingesetzt. Die aggressiven Vorstöße *MTVs* in ausländische und angrenzende Märkte (vgl. Banks, 1996, Kap. 5 und 130ff.) sind somit zu weiten Teilen seiner strategischen Rolle im Verbund mit hoch integrierten Konzernen geschuldet.

MTV geht schließlich erstarkt aus der Krise hervor: Mit fast allen großen *Labels* werden 1991 Exklusivverträge unterhalten; die Einnahmen steigen im Jahr 1991 auf 44.7 Mio. US $; ebenso vergrößern sich die Reichweiten, so dass 1996 jeder vierte Haushalt der Welt *MTV* empfängt (vgl. Junker & Kettner, 1996, 45). Das Gesamtengagement des Senders nimmt in den 90ern gewaltig zu: Mit der Gründung des *MTV Record Club* beginnt der Vertrieb von Videos, Tonträgern und *Merchandising*-Produkten, die sich unter der *Trade-Mark* ‚*MTV*' bestens verkaufen. So konnte der Sender mit Produkten rund um die Sendung ‚*Beavis and Butt-Head*' über 100 Mio. US $ einstreichen.

2.1.1 MTV Europe und MTV Central

Die Ausstrahlung des Musikkanals *MTV* in Europa beginnt am 1. August 1987 (vgl. Altrogge, 1995, 152f.). *MTV Europe* – dem amerikanischen Vorbild hinsichtlich Programm(-inhalten) und Ästhetik sehr ähnlich (vgl. Banks, 1996, 91) – trat mit dem Ziel an, „von London aus ein jugendverbindendes Musikprogramm für ganz Europa anzubieten" (vgl. Kurp, Hauschild & Wiese, 2002, 124). Den Startschuss gab *Elton John* mit dem Clip „*Money for Nothing*" von den *Dire Straits*. Bis 1991 erlangt die Viacom den Status des alleinigen Inhabers von *MTV Europe* (vgl. Banks, 1996, 91). Fraglich war allerdings, ob und wie das amerikanische *MTV* in Europa einzupassen wäre, oder: „*just how ‚European' the Channel really is*" (vgl. Banks, 1996, 91f.). Trotz kritischer Stimmen, *MTV* amerikanisiere den europäischen Musikmarkt, konnte *MTV Europe* mit einem Mix aus gesponserten Formaten (etwa *MTV Coca-Cola Report* oder die Sendung *The Pulse with Swatch*), sozial und politisch engagierten Themensendungen (etwa *The Unity Weekend*) sowie erfolgreichen, aus den USA importierten Sendungen (etwa *Yo! MTV Raps*) die Akzeptanz der europäischen Zuschauerschaft langfristig gewinnen. Seinerzeit durchgeführte Umfragen bestätigen dies: So sind etwa 76 Prozent der deutschen Zuschauer der Meinung, dass *MTV Europe* europäische Musik ausreichend im Programm berücksichtigt (vgl. ebd., 92). Zudem erwiesen sich einige der damals entwickelten Sendeformate (etwa *MTV Unplugged*, das 1987 sein Debüt mit *Sinead O'Connor* feierte) als international tragfähig und haben daher bis heute Bestand. Im Dezember 1990 überschritt *MTV Europe* die Marke von 20 Millionen Haushalten und kann inzwischen von 50 Millionen Zuschauern empfangen werden.[47] Von allen *MTV*-Ablegern weltweit ist *MTV Europe* der aufwändigste und bedeutendste (vgl. ebd., 91).

Die erfolgreiche Eroberung des europäischen Marktes durch *MTV* sowie der in einem Rechtsstreit endende Konflikt zwischen den Majorlabels und *MTV Europe* um Lizenzgebühren für Videoclips gaben den Ausschlag für einen bis in das 21. Jahrhundert währenden Konkurrenzkampf um den umsatzstärksten europäischen, sprich: den deutschen Musikmarkt (vgl. Banks, 1996, 92f.). Während sich die großen Plattenfirmen entschieden, einen eigenen Musikvideokanal zu gründen (nämlich *VIVA*, s.u.), baut *MTV Europe* seine regionalen Engagements aus.[48] Seit 1987 ist *MTV* als *MTV Europe* in englischer Sprache in Deutschland zu empfangen. Nach diversen Testläufen und punktuellen Engagements im deutschen Fernsehmarkt sowie der Beseitigung technischer Hürden (insbesondere den digitalen TV-Empfang betreffend) nimmt *MTV* erst 1997 den Sendebetrieb mit so genannten regionalen Programmfenstern auf (vgl. ebd., 93). So können Zuschauer aus Deutschland, Österreich und der Schweiz seit dem 7. März 1997 mit *MTV Central* einen deutschsprachigen Ableger des Musikkanals empfangen. Aufgrund diverser Startschwierigkeiten (vgl. Kurp, Hauschild & Wiese, 2002, 126f.) begann der Sender 1998 unter dem Motto „*Think global, act local*" sein europäisches Programm vollständig zu renovieren. Dem damaligen *MTV Europe*-Chef *Brent Hansen* gelang es, durch Dezentralisierungsmaßnahmen (die Entscheidungsbefugnis über Marketing, Personal und Produktion wurde an ein Netzwerk regionaler *MTV*-Filialen delegiert) ein europäisches *MTV* mit regionaler Couleur zu schaffen, das seitdem verstärkt eigene Sendungen in der entsprechenden Landessprache produziert.

Nach missglückten Versuchen des Mutterkonzerns *Viacom* zwischen Juli 1995 bis zum Beginn des Jahres 1999 ins Pay-TV-Geschäft einzusteigen (während dieses Zeitraums war der Musikkanal in Deutschland nur kostenpflichtig zu empfangen) und einer zwischenzeitlichen Marktführerschaft des nationalen Konkurrenten *VIVA* (vgl. ebd., 121f.), gelang es *Christiane zu Salm-Salm*, die von Mai 1998 an drei Jahre lang die *MTV Networks* GmbH leitete, den Sender vorübergehend zu revitalisieren (insbesondere durch die Wiedereinführung des *Free-TV*-Empfangs).

---

47 Vgl. *www.mtv.de/1*.

48 So nehmen im Jahr 1997 *MTV Central* (Deutschland, Österreich und Schweiz), *MTV UK & Ireland* und *MTV Southern* (Italien und Spanien) und im Jahr 1998 *MTV Russia* den Sendebetrieb auf (weitere sollten folgen; s.u.).

Uneinigkeiten mit der Konzernführung, insbesondere den geforderten Sparkurs betreffend, bedingten einen Führungswechsel: Seit 2001 steht *Catherine Mühlemann* der *MTV Central*-Filiale vor. Etwa in demselben Jahr sind die Geschäftszahlen des Senders allerdings erneut rückläufig: Die Brutto-Werbeeinnahmen sanken um 16,8 Prozent auf 113 Millionen Euro, was eine Einbuße von 23 Millionen im Vergleich zum Vorjahr bedeutete. Diese Umsatzeinbuße bei gleichzeitigem Anwachsen des Gesamtumsatzes in Europa im selben Jahr um ca. 20 Prozent begründet *MTV*-Manager Bill Roedy mit den weltweit einmaligen Wettbewerbsbedingungen, mit denen sich der Sender in Deutschland konfrontiert sieht (vgl. ebd., 130f.). Gemeint ist damit in erster Linie die Erfolgsgeschichte des deutschen Konkurrenten *VIVA*.

2.1.2 VIVA[49]

Die Gründungsväter des deutschen Pendants zum Marktführer *MTV*, der *VIVA Medien GmbH*, waren Michael Oplesch, Marcus Rosenmüller, Jörg Hoppe und Christoph Post von der Videoproduktionsfirma *Me, Myself and Eye (MME)* aus Hamburg, Hannes Rossacher und Rudi Dolezal von einer Wiener Fernsehproduktionsfirma namens *DoRo*, der Chef der Kölner *PopKomm*-Messe Dieter Gorny, sowie der Kölner Rechtsanwalt Helge Sasse (vgl. Kurp, Hauschild & Wiese, 2002, 134). Bereits vor der eigentlichen Gründung der *VIVA Medien GmbH* traten jedoch Probleme auf: Zum einen gab es Unklarheiten bezüglich der Finanzierung und der Gesellschafterstruktur des Projekts, zum anderen zögerte die Landesanstalt für Rundfunk Nordrhein-Westfalen (LfR) aufgrund rechtlicher Bedenken eine Lizenzierung des Senders immer wieder hinaus. Zudem gestaltete sich die Suche nach den nötigen Investoren schwierig. Die Umsetzung eines regionalen, auf den deutschsprachigen Raum begrenzten und zudem im Vergleich zum international erfolgreichen *MTV* konkurrenzfähigen Konzepts galt als schwierig (vgl. Hachmeister & Lingemann, 1999, 136ff.). Die Vorbehalte seitens des Bundeskartellamtes gegen die Gründung von *VIVA* (wegen einer fortschreitenden Oligopolisierung des Musikmarktes) wurden schließlich aufgegeben, da einer der Tonträgerriesen außen vor blieb: die *Bertelsmann Music Group* (*BMG*) (vgl. Müller, 1994, 50). Dass das Projekt letztlich erfolgreich umgesetzt werden konnte, lag vornehmlich an den Plattenlabels, die in *VIVA* eine erstklassige Möglichkeit sahen, ihre deutschsprachigen resp. deutschen *Acts* besser vermarkten zu können. Der bisher lukrative deutsche Tonträgermarkt war kontinuierlich rückläufig gewe-

49 Kurz für „Videoverwertungsanstalt“.

sen und „*VIVA* schien das geeignete *Promotion*-Instrument, um dieser Entwicklung zu begegnen" (Hachmeister & Lingemann, 1999, 139). Die Lizenz der LfR für ein „musik-orientiertes Jugendspartenprogramm" erhielt *VIVA* im August 1993, zuerst jedoch nur unter Vorbehalt (vgl. Müller, 1994, 49f.). Gründungsgesellschafter waren schließlich die vier Majorlabels *Sony*, *Warner Music*, *EMI* und *Polygram* mit je 19,8 Prozent, *Frank Otto*, der Sohn des Versandhausgründers *Werner Otto* mit ebenfalls 19,8 Prozent und die ‚*Musik im Fernsehen'-Kapitalbeteiligungs-GmbH* mit einem Prozent. *Dieter Gorny* wurde am 1. November 1993 zum Geschäftsführer berufen, Köln wurde Firmensitz. Am 1. Dezember 1993 nahm *VIVA* mit dem Video „*Zu geil für diese Welt*" der deutschen HipHop-Band „*Die Fantastischen Vier*" den Sendebetrieb auf (vgl. Kurp, Hauschild & Wiese, 2002, 136ff.).

VIVA begann als Low-Budget-Projekt mit etwa 100 Millionen Mark Startkapital, einem Jahresetat von 50 Millionen Mark und zuerst nur etwa 50 Mitarbeitern. Zu Beginn lief mit etwa 240 Videoclips in der Rotation, nur unterbrochen durch kurze Moderationen, News und Interviews, eine Art „Notprogramm". Wenn so dem innovativen Programm *MTVs* schon nicht viel entgegensetzt werden konnte (vgl. ebd., 140), sollte wenigstens rasch etwas geschehen. Auch die technische Reichweite ließ zunächst zu wünschen übrig: *VIVA* erreichte anfänglich lediglich ca. 9 Millionen Haushalte in Deutschland, während *MTV* über 16 Millionen Haushalte ansprechen konnte. Umso erstaunlicher war der schnelle Erfolg des neuen Jugendsenders: Bereits nach den ersten 100 Tagen konnte mit einem Marktanteil von ca. 0,13 Prozent und täglich etwa 100.000 Zuschauern eine positive Bilanz gezogen werden. Auch wenn *VIVA* damit noch lange nicht an *MTV* heranreichte, zog dieser Anfangserfolg rasch die Aufmerksamkeit der Werbekunden auf sich. Bereits nach zwei Jahren konnte der Sender schwarze Zahlen schreiben und ein weiteres Jahr später gelang es *VIVA*, in der Zielgruppe der 10- bis 18-Jährigen mit einem Marktanteil von 31,2 Prozent *MTV* (22,3 Prozent) hinter sich zu lassen (vgl. ebd., 142). Täglich schauten 3,3 Millionen der über 14-Jährigen Zuschauer im deutschsprachigen Raum *VIVA*.

Das Erfolgsrezept: Im Gegenzug zum global und künstlerisch anspruchsvoll ausgerichteten *MTV* gab sich *VIVA* regional und bodenständig (ebd., 140ff.), was nicht zuletzt auch durch die umfangreiche Präsentation deutschsprachiger *Acts* erreicht wurde. Trotz anfänglicher Schwierigkeiten kam *VIVA* – ohne staatliche Auflagen – zwischenzeitlich auf einen Programmanteil deutscher Musik von über 50 Prozent (vgl. Hachmeister & Lingemann, 1999, 147). Im März 1995 expandierte der Sender und ging mit einem Schwesterkanal namens *VIVA Zwei* auf Sendung. Zum einen sollten dadurch frei gewordene Kabelfrequenzen besetzt, zum anderen jedoch auch eine erweiterte, ältere Zielgruppe angesprochen werden, um so neue, höherwertige Werbemärkte zu erreichen (vgl. Kurp, Hauschild & Wiese,

2002, 167). Fast zeitgleich, im Mai desselben Jahres, startete *MTV* in ähnlicher Intention den Ableger *VH-1*[50] (vgl. ebd., 131). Eine Veränderung der bisherigen Programmpolitik aus betriebswirtschaftlichen Gründen (insbesondere quotenärmere Nischenformate wie *Wah Wah*, *Freestyle* oder *Metalla* wurden abgesetzt oder verstärkt am *Mainstream* orientiert) brachte *Gorny* und seinen Sender trotz anhaltenden wirtschaftlichen Erfolgs[51] in den Verruf, sich zu einem reinen Marketing-Instrument der großen *Labels* zu entwickeln. Hinzu kam eine Konzentration der Machtverhältnisse: Noch im selben Jahr verkaufte *Frank Otto* seine Aktienanteile an die übrigen Gesellschafter, und so ist *VIVA* seit 1997 eine Unternehmung der vier beteiligten Majorlabels. Der Einfluss der *'Musik im Fernsehen'-Kapitalbeteiligungs-GmbH* war mit 1,25 Prozent ohnehin schon immer und nach wie vor marginal (vgl. ebd., 145ff.). Nach einer Phase wirtschaftlicher Stagnation, diverser Marketingkooperationen (s.u.) und Versuchen, die Marke *VIVA* zu diversifizieren und zu internationalisieren[52], wagte *VIVA* schließlich – begleitet durch die Werbekampagne *„Jugend ist Zukunft, VIVA ist Jugend, die Jugend geht an die Börse"* – im Juli 2000 den Börsengang.[53] Trotz sinkender Aktienkurse (von 17 Euro Emissionspreis auf 12 Euro) ist der Sender im Februar 2001 Marktführer. *VIVA* und *VIVA Zwei* erzielen jährlich etwa 52 Millionen Euro Umsatz und werden täglich von etwa 22,4 Prozent der relevanten Zielgruppe der 14- bis 29-Jährigen eingeschaltet. Parallel zur Entwicklung des *MTV*-Ablegers *VH-1/ MTV2 - The Pop Channel* wurde *VIVA Zwei* aufgrund finanzieller Probleme im Jahr 2002 eingestellt (trotz stilbildender Sendungen wie etwa *Charlotte Roches Fast Forward*). Stattdessen ging das deutlich kommerzieller ausgerichtete *VIVA Plus* auf Sendung (vgl. ebd., 171ff.).

Weitere Maßnahmen zur Krisenbewältigung ab dem Jahr 2000 beinhalteten – neben Versuchen, im angestammten TV-Geschäft zu expandieren[54] – Strategien, sich über das Fernsehgeschäft hinaus zu engagieren[55] sowie eine Online-Präsenz

---

50 Kurz für Video-Hits-1.

51 Im Geschäftsjahr 1997 hatte der Sender bei einem Umsatz von 46,7 Millionen Euro einen Gewinn von 1,77 Millionen Euro ausgewiesen.

52 Im April 2000 geht etwa *VIVA Polska* auf Sendung, im September 2000 *VIVA Swizz* (s. hierzu unten: Kap. 5 Österreich/ Schweiz).

53 Der Börsengang war u.a. auch Anlass für den Ausstieg des Unternehmens *Sony*, das seine Beteiligung an die *Edel Music AG* verkaufte. Zudem pokerte *Gorny* hoch, da er den Wert seines Unternehmens weit über den Schätzungen der Analysten ansetzte (vgl. hierzu Meier, 2000).

54 So ging im Mai 2001 etwa „*VIVA Italy*" an den Start. Zudem übernahm *VIVA* noch im Frühjahr desselben Jahres den niederländischen Musikkanal „*The Box*" und im Juni unterschrieb *VIVA* bereits einen Kooperationsvertrag mit dem litauischen Sender *LRT* (kurz für *Lietuvos Nacionalinis Radijas ir Televizija*).

55 So erwarb *VIVA* im Mai 2000 etwa die auf Promotion und Events spezialisierte Kommunikationsagentur *Visions.comm GmbH*, welche unter dem Namen „*Viva Connect*" als Schnittstelle zwischen Programmanbietern und Werbekunden fungieren sollte (vgl. Kurp, Hauschild & Wie-

zu schaffen, welche am Zusammenwachsen von TV und Internet orientiert ist (beauftragt wurde die Berliner Multimediaagentur *Pixelpark AG*).[56] *VIVA* konnte im ersten Quartal 2002 einen Gewinn von knapp 18,1 Millionen Euro erzielen und war damit kurzfristig in die Gewinnzone zurückgekehrt. Zudem konnte die Reichweite seit dem Börsengang im Jahr 2000 (*VIVA* konnte sich nun den kostenaufwändigeren Satelliten *Astra* leisten) um ein Drittel auf ca. 31,4 Millionen Haushalte gesteigert werden. Laut *Infratest Burke* gelang es *VIVA* im Januar 2001, in der Zielgruppe der 14- bis 49-Jährigen täglich etwa 5,2 Millionen Zuschauer anzulocken, was innerhalb der letzten zwei Jahre eine Steigerung von ca. 25 Prozent bedeutete. Der Konkurrent *MTV* verlor in der gleichen Zeit dagegen etwa 15 Prozent seiner Marktanteile und erreichte lediglich ca. 3,65 Millionen Zuschauer. Der Erfolg währte nicht lange: Bereits im zweiten Halbjahr 2001 erzielte *MTV* in der Gruppe der 14- bis 29-Jährigen eine Einschaltquote von 1,97 Prozent, während *VIVA* mit 2,09 Prozent seinen Vorsprung deutlich verringert hatte.

Insgesamt konnte sich *VIVA* einen Ruf als solides Unternehmen (vgl. Kurp, Hauschild & Wiese, 2002, 164ff.) sowie als wertvoller kultureller Faktor (etwa durch Kooperationen mit den öffentlich-rechtlichen Sendern *ARD* und *ZDF*; vgl. ebd., 115f.) erarbeiten, das sich jedoch als ein am deutschsprachigen Musik- und Fernsehmarkt ausgerichtetes Projekt nie entscheidend von seinem amerikanischen Konkurrenten *MTV* hatte absetzen können.

2.1.3 Heute: MTVIVA

Im Sommer 2002 begannen erste Übernahmegespräche zwischen den beiden Großaktionären *EMI* und *Vivendi Universal* der *VIVA Media AG* sowie des *MTV*-Mutterkonzerns *Viacom*. Nach einem Übernahmekampf mit dem Konkurrenten *AOL Time Warner*, welcher sich zunächst durchsetzte und bis zum Jahr 2004 über 30 Prozent der *VIVA*-Anteile besaß, sowie einer Zurückeroberung der Marktfüh-

se, 2002, 154); seit 2001 besteht eine Kooperation zwischen *VIVA* und dem *Axel Springer Verlag*, der über die Zeitung „*Bild am Sonntag*“ die kostenlose Beilage „*VIVA BamS*“ verteilte; im November 2001 übernahm *VIVA* mit der „*Brainpool AG*“ ein erfolgreiches Unterhaltungsunternehmen, welches etwa die Sendung „*TV total*“ produziert. Mit der Übernahme von *Brainpool* veränderte sich die Gesellschafterstruktur des Unternehmens: Die Musikkonzerne *EMI*, *AOL Time Warner* und *Vivendi Universal* hielten je 15,3 Prozent der Anteile, die *Brainpool*-Aktionäre 11 Prozent, die Initiatoren *KG I-IV* 18,2 Prozent und Dieter Gorny 0,6 Prozent. Die restlichen 24,2 Prozent befanden sich in Streubesitz (vgl. Kurp, Hauschild & Wiese, 2002, 162).

56 Die neue Internetpräsenz ging mit der URL *www.viva.tv* an den Start.

rerschaft durch *MTV*[57] und herben Umsatzeinbußen des *VIVA*-Unternehmens[58] in den Jahren 2002 bis 2004 übernahm schließlich am 26. August 2004 die *Viacom* 75,83 Prozent der Aktien der *VIVA Media AG* zum Preis von rund 309 Millionen Euro (vgl. Rosenbach & Schulz, 2004, 110). Der Betrag wurde in der Fernsehbranche als erstaunlich hoch bewertet, auch wenn sich *MTV* damit einen lästigen Konkurrenten vom Hals schaffen konnte. Zum Vergleich: der Amerikaner *Haim Saban* zahlte im Jahr 2003 525 Millionen Euro für die Kontrollmehrheit des größten deutschen Fernsehkonzerns *Pro-Sieben-Sat-1*. Doch dessen Sender machten im ersten Quartal 2004 brutto fast 760 Millionen Euro Werbeumsatz, während der Jugendpopsender *VIVA* nur 20 Millionen vorweisen konnte. Zum Zeitpunkt des Verkaufs hatte *VIVA* Einschaltquoten von weniger als einem Prozent. Der Sender machte Verluste, die ohne die erfolgreich arbeitende Produktionsfirma *Brainpool* noch wesentlich drastischer ausgefallen wären (vgl. Theurer, 2004, 22).

Die *Viacom* konnte sich mit der Übernahme *VIVA*s zwar eines lästigen Konkurrenten entledigen; eine schlüssige Strategie für die vier deutschen Musik-Sender *MTV*, *MTV2Pop*, *VIVA* und *VIVA Plus* existierte jedoch zunächst nicht. Obwohl die Übernahme durch die Geschäftsleitung begrüßt wurde[59], schien die neue Gesellschafterstruktur ein ‚Ausverkauf' des bisherigen Konzeptes *VIVA* zu bedeuten: Neben personellen Umstrukturierungen[60] und intransparentem Agieren des Vortands[61] sollte der Sender auch in programminhaltlicher Hinsicht neu ausgerichtet werden. So nahm man von bisherigen Aushängeschildern wie Charlotte Roches *Fast Forward* oder der eben erst gestarteten *Sarah-Kuttner-Show*, die eine ältere, anspruchsvollere Zuschauerschaft ansprachen, Abstand und favorisierte Formate für eine jüngere, weniger anspruchsvolle Zielgruppe[62]. Konkret hieß das: Statt

57 Während *VIVA* in der werberelevanten Zielgruppe der 14- bis 29-Jährigen lediglich 2,3% verbuchen konnte, erreichte *MTV* einen Marktanteil von 3% (vgl. Ohler, 2003).

58 2003 musste die *Viva Media AG* einen Fehlbetrag von 42 Millionen Dollar hinnehmen.

59 Dieter *Gorny* verkündete auf der Hauptversammlung „der Vorstand begrüßt die Übernahme" und hob die Vorteile für die Zuschauer in den Vordergrund: „Wir werden dadurch ein vielfältigeres Musikangebot machen können, das noch mehr Menschen anspricht" (vgl. N.N., 2004).

60 So wurden etwa alle zentralen Management-Positionen mit *MTV*-Kräften besetzt. Von den bisher knapp 290 *VIVA*-Mitarbeitern verloren 270 ihren Job.

61 So stiftete etwa eine plötzlich aufgetauchte E-Mail von *Gorny*, die einen Anhang mit dem Titel „Ablauf Kommunikation Betriebsschließung" beinhaltete, Verwirrung. Daraufhin klagte der Betriebsrat („Wir glauben Gorny kein Wort mehr") schließlich vor dem Kölner Arbeitsgericht und erwirkte eine einstweilige Verfügung, um den Vorstand zu einer offenen Informationspolitik zu zwingen (vgl. Rosenbach & Schulz, 2004, 110).

62 Der Betriebsrat Georg Hermes, seit 1993 bei *VIVA* und ehemaliger Chefautor, brachte die Angst vor einer Imagerückkehr zu „*Dancefloor*" und „furzenden Klingeltönen" auf den Punkt: „*VIVA* wird wieder der kunterbunte Plastiksender für dreizehnjährige Mädchen vom Land" (Rosenfelder, 2005, 40).

Clips von den *Beastie Boys* und *Björk* liefen *Big Brother*-Wiederholungen; statt selbst produzierter Sendungen bekam man eingedeutschte Importware aus dem US-Archiv der *Viacom* zu sehen, vorzugsweise Kuppel- und Dating-Shows. *Fast Forward* war gestrichen worden, der *VIVA*-Klassiker *Interaktiv* durch eine Sendung mit dem Namen *17* ersetzt und auch die *News* mussten weichen. Was kam, war nonstop Werbung für Klingeltöne und Handy-Spiele (s.a. Kap. 3).

Erste nachhaltigere Umstrukturierungen der Programm- und Zielgruppenausrichtung der Sender erfolgten 2005. Es wurde verstärkt auf Kinder als Publikum gesetzt (ab September ersetzte der Kinderkanal *NICK* den Musiksender *MTV2*) und die einzelnen Sender erhielten eine differenziertere Profilierung: *VIVA* sollte sich künftig stärker auf deutsche, chartorientierte Musik konzentrieren und damit ein eher weibliches Publikum ansprechen, während *MTV* eher am männlichen Publikum und am internationalen Geschehen orientiert sowie insgesamt progressiver sein sollte. Obwohl das Deutschland-Geschäft des US-Medienkonzerns 2005 nur mäßig anlief, konnte das Unternehmen bereits 2006 Spitzenwerte vorweisen: Sowohl *MTV* als auch *VIVA* konnten sich mit 2,2 bzw. 2,3 Prozent Marktanteilen bei den 14- bis 29-Jährigen sehen lassen. Vorerst letzter Schritt der internen Umstrukturierung war die Ersetzung des *VIVA*-Ablegers *VIVA Plus* durch den Comedy Kanal „*Comedy Central*". Diese Erweiterung des Senderportfolios hatte auch namentliche Konsequenzen: *MTV Networks* firmiert seit 2007 in Deutschland unter der Bezeichnung *Viacom Germany GmbH*.

2.2 Funktionsweise von Musiksendern

Grundlegend für den langfristigen und durchschlagenden Erfolg *MTVs* in den USA war die sich zunehmend intensivierende Beziehung zwischen dem Sender und der Musikindustrie einerseits sowie den Kabelnetzbetreibern andererseits. Durch das Unterhalten von Exklusivrechten mit den *Major Record Labels*[63] resp. den Künstlern sowie den Kabelnetzbetreibern gelang es *MTV*, Konkurrenten systematisch auszuschalten. Für *MTV* in der Rolle des Distribuenten (s.u.) waren und sind vor allem zwei Dinge überlebensnotwendig: Programmmaterial (d.h. zunächst Musikvideos) und Ausstrahlung. Diese überlebensnotwendige Minimal-

63 Die Bezeichnung ‚*Major (Record) Labels*' fasst die international marktdominierenden und damit kapitalstärksten Plattenfirmen zusammen, deren wesentliches Kennzeichen ist, über eigene Vertriebsnetze und -organisationen zu verfügen und dadurch Massenauflagen weltweit absetzen zu können (vgl. Wicke, Ziegenrücker & Ziegenrücker, 1997, 299f.). Derzeit existiert ein Oligopol von vier *Major Labels*: *Vivendi Universal*, *Sony BMG*, *EMI Music* und *Warner Music Group* bestreiten nahezu 72 Prozent des Weltmusikmarktes.

basis war es, auf die *MTV* es in den Anfangsjahren abgesehen hatte: Die Konkurrenten sollten weder Programm erhalten noch die Möglichkeit, dieses auszustrahlen. Mit den Worten Robert Pittmans: „*The traditional solution for the distributor (MTV - Anmerkung der Verfasser) to protect his business is to lock up the shelf space and/ or lock up the supply of the product*" (Pittman zit. n. Banks, 1996, 64).[64] *MTV* schuf sich auf diese Weise eine Marktposition, deren Rahmenbedingungen bis heute Grundlage des Wirtschaftens des Senders sind.

Musikfernsehen partizipiert sowohl am Musik- als auch am TV-Markt und ist demzufolge durch Strukturen und Dynamiken beider Märkte geprägt. Musikspartenkanäle operieren als Distributionsmedien in einer doppelten Ökonomie (Ö1/ Ö2) spezieller Art (vgl. Junker & Kettner, 1996, 54ff.). Wie andere TV-Medien auch, sind sie auf Zuschauer, Werbepartner und Kabeloperatoren angewiesen. Kabeloperatoren und Zuschauer bringen potentielle Reichweiten und Einschaltquoten (Ö1), welche wiederum die Finanzierung durch die Werbepartner (Ö2) garantieren. Dieses klassische Modell der rundfunkmedienbetreibenden Industrie erfährt im Falle von Musikspartenkanälen eine entscheidende Erweiterung: Die Tonträgerindustrie versorgt die Musiksender mit Werbung und Programm in einem, sprich mit Musikvideos. Sie nimmt somit eine Zwitterstellung zwischen Werbepartner und Programmlieferant ein. Die Musiksender nehmen nun in der Kette ‚Produktion-Distribution-Verkauf/Ausstrahlung' die klassische Rolle des Distribuenten ein: Fremdproduzierte Werbung und Programme werden an Kabelfirmen weitergegeben, die diese Inhalte unter die Zuschauer (in den USA oft *Subscribers*) bringen. Funktioniert die Wertschöpfungskette, trägt ein produziertes Musikvideo zum einen zur Umsatzsteigerung der auf diese Weise beworbenen Popmusik bei, wie es zum anderen als Programmbestandteil die Nutzung und Bindung an einen TV-Sender begünstigt.

Zentrale Instanz der *Musikvideobranche* (vgl. grundlegend Banks, 1996, 137ff.) sind die großen Plattenfirmen, die so genannten *Major Labels*, zentrales Element ist das Musikvideo. Mit ihm verbindet sich im Gegensatz zur *Promotion* durch *Live*-Auftritte und Konzerttourneen nur ein kurzfristiges werbestrategisches Interesse: Clips werden in einer stark limitierten Zeitspanne hergestellt, um die ohnehin hohen Produktionskosten[65] gering zu halten und eine möglichst rasche *Promotion*

---

64 Ausführlich s. Schmidt (1999, 111ff.).

65 Während die Kosten für Clips Mitte der 1990er Jahre bei durchschnittlich 100.000 bis 150.000 Euro lagen und damit sogar teilweise den Aufwand für die Produktion der Tonträger überstiegen (vgl. Schmidtbauer & Löhr, 1996, 14), sind die Aufwendungen der Plattenfirmen für Clips heute stark zurückgegangen (s.u.). Sie bewegen sich mit derzeit 15.000 – 30.000 Euro allerdings nach wie vor in einem Bereich, der kalkuliert sein will, zumal die Budgets insgesamt schmaler geworden sind.

chartverdächtiger Songs zu erreichen (vgl. Goodwin, 1992, 41ff.). Einmal erstellt garantiert der Clip – aufgrund seiner unbegrenzten Reproduzierbarkeit – ein Maximum an *Content Exploitation* (vgl. Bunting, 1995, 54ff.). Bis dahin sind Plattenfirmen/ Künstler, Produzenten/ Regisseure und der distribuierende Sender selbst an der Hervorbringung und Ausstrahlung eines Musikvideos beteiligt. Die Marketing bzw. Videoclipabteilungen der jeweiligen Plattenfirmen treffen die maßgeblichen werbestrategischen Entscheidungen und übernehmen die gesamte Logistik für die Produktion, *Promotion* und Distribution der Clips. Der Auftrag, einen Clip zu produzieren, wird in der Regel an externe Produktionsfirmen vergeben. Hergestellt wird das Musikvideo schließlich von *Producern*, die den organisatorischen Teil einer Videoclipproduktion übernehmen, sowie den Regisseuren, die die eigentliche kreative Arbeit leisten. Die Plattenfirmen machen Auflagen hinsichtlich des Inhalts der Clips und geben in vielen Fällen auch ein Konzept vor. Die Kosten für die gesamte Clipkampagne übernimmt zunächst die Plattenfirma. Das dadurch entstehende Risiko versuchen die *Labels* u.a. auf die Künstler abzuwälzen, etwa indem die Kosten für die Clipproduktion entweder auf die Gewinnbeteiligungen der Künstler umgelegt oder durch eine direkte Entschädigung prozentual gedeckt werden. In beiden Fällen behält jedoch die Plattenfirma die Rechte an den Clips und ihrer weiteren Vermarktung, an deren Gewinn die Künstler nicht beteiligt werden (vgl. Banks, 1996, 143ff.). Ist ein Clip produziert, muss er im Musikfernsehen untergebracht werden.

Trotz des scheinbar symbiotischen Verhältnisses zwischen Musiksendern und Plattenfirmen erwies sich die Zusammenarbeit als zunehmend problematisch. Zum einen verlangten die *Labels* zur Risikominimierung in steigendem Maße Lizenzgebühren für die Ausstrahlung von Clips. Zum anderen divergierten die Interessen mit Blick auf so genannte ‚*New Acts*', da *MTV* als Fernsehsender daran interessiert sein musste, mit Bewährtem hohe Quoten zu erreichen, die *Labels* dagegen darauf aus waren, neue Künstler aufzubauen.[66] Insbesondere dieser Umstand ließ im Laufe der Zeit ein Gefälle entstehen, das den *Labels* die Rolle des Lobbyisten zuwies.

Trotz der Interessensdivergenzen zwischen *Majors* und Musiksendern fungierten die Musikvideos letztlich als Hauptbestandteil des Programms der Musiksender und sie wurden diesen von den Plattfirmen im Großen und Ganzen kostengünstig zur Verfügung gestellt. Die Musikkanäle wiederum waren für die *Major-*

66 Beim Marktführer *MTV* etwa stammen eigenen Angaben zufolge nur ca. 20 Prozent der gezeigten Musikvideos von unabhängigen Plattenfirmen bzw. repräsentieren *Newcomer* (vgl. Ohler, 2004). So besteht eine Diskrepanz zwischen der Selbstdarstellung *MTVs* als Trendsetter und der zugleich deutlich überwiegenden Ausstrahlung von *Mainstream*-Musik.

abels lange Zeit das wichtigste Marketinginstrument, um ihre Produkte einer entsprechenden Zielgruppe präsentieren zu können (vgl. Kurp, 2004, 28). Etwa 80 Prozent der gezeigten Videoclips bei *VIVA* und *MTV* stammten von den vier großen Tonträgerunternehmen *Universal*, *Sony BMG*, *Warner* und *EMI*.

Dieses harmonische Modell gerät im Zuge des Strukturwandels der klassischen Tonträgerindustrie[67] mehr und mehr unter Druck. Die Krise der Musikindustrie beginnt das lange Zeit erfolgreiche Geschäftsmodell der *Majors*, nach welchem etablierte Stars von heute Nachwuchskünstler von morgen durch ihre Gewinne mitfinanzieren, zu zerstören (vgl. Hamann, 2003). Selbst vergleichsweise erfolgreiche *Acts* sind heute oft gerade mal in der Lage, ihre eigenen Aufwendungen zu refinanzieren. Der Erlös aus dem Verkauf der Tonträger alleine reicht häufig bei weitem nicht aus. Ein immer häufiger beschrittener Weg ist daher, umfassende Werbepartnerschaften mit der Industrie einzugehen, um Investitionsrisiken (etwa einer Konzerttournee) zu minimieren und neue Einnahmequellen zu erschließen. Zu nennen sind hier das *Sponsoring* (wie etwa im Falle des Popstars *Shakira* durch den Autohersteller *Seat*) sowie die so genannte *Cross Promotion*.[68] Hinzu kommt das Fortschreiten der Firmenkonzentrationen zur Einsparung von Kosten (wie etwa *Sony BMG*), was eine weitere Oligopolisierung des Musikmarktes fördert[69], sowie (notwendig gewordene) Allianzen mit so genannten *Independent Labels*[70], deren Anzahl und Einfluss auch aufgrund drastischen Rückgangs der Produktions-

67 Von 1998 bis 2005 musste die Musikindustrie mit einem Umsatzrückgang von über 40 Prozent zurechtkommen, welcher größtenteils auf alternative Distributionswege (Raubkopien, Internettauschbörsen) zurückgeführt wird (vgl. IFPI, 2005; Kurp, Hauschild & Wiese, 2002, Kap. 4.; Röttgers, 2003). Im Jahr 2005 wurden 439 Millionen CD-Äquivalente gebrannt gegenüber gerade einmal 123,7 Millionen verkaufter CD-Musik-Alben und 415 Millionen illegale Musikdownloads durchgeführt (vgl. GfK 2006). Insgesamt – so schätzen Experten – wird der Verkauf physischer Tonträger mit dem Voranschreiten technischer Möglichkeiten (Speicher- und Übertragungsmedien (MP3, CD-R/W, DVD, *High-Speed*-Internetzugang), Software (*iTunes*) und Endgeräte (*iPod*, Handy) mehr und mehr zum Nischenmarkt.

68 Unter *Cross Promotion* versteht man „die Bewerbung eines Medienangebotes in einem anderen Medienangebot", um die „Aufmerksamkeit des Publikums auf einen Ausschnitt des Gesamtangebotes zu lenken mit dem Ziel der Maximierung des Marktanteils einer Anbietergruppe im Gesamtmarkt der Medienangebote" (vgl. Dreier, 2006a, 82f.).

69 Einen Überblick bieten Kurp, Hauschild & Wiese (2002, 83ff.) sowie Wicke (2001).

70 *Independent Labels* (kurz: *Indies*) sind i.d.R. kleinere, unabhängige Plattenlabels, welche innovativere, weniger marktgängige sowie am *Mainstream* und damit allein an ökonomischen Kriterien orientierte musikalische Stilrichtungen und Bands vertreiben. Häufig sind es die so genannte *Indies*, die musikalische Trends setzen und neuen *Acts* den Weg ins Musikgeschäft eröffnen (vgl. Kurp, Hauschild & Wiese, 2002, 89; Schubert & Graffé, 1999; Vormehr, 2003).

und Vertriebskosten für marktfähige Tonträger[71] enorm zugenommen hat.[72] Schon Dieter Gorny hob die Bedeutung unabhängiger *Labels* hervor: „*Minor Group* bedeutet immer Trend, das heißt, sie ist geschäftlich nützlich" (vgl. Martens, 1996, 37). Der Deal: Gegen Innovationspotential erhalten die kleinen Labels durch eine Zusammenarbeit mit einem *Major* bessere Infrastruktur und Vermarktungsmöglichkeiten und damit den Zugang zu einem breiteren Publikum (wie etwa im Fall der *Sony BMG,* die das von den *Fantastischen Vier* gegründete Independent Label „*FourMusic*" aufkaufte (vgl. Saerbeck, 2006)).

Auch die Musiksender sind in dieser aufgrund strukturellen Wandels wirtschaftlich angespannten Umbruchsituation in der Musik- und Tonträgerbranche gezwungen, bestehende (Werbe-)Allianzen zu intensivieren bzw. sich umzuorientieren und neue Wege zu beschreiten. *Dies betrifft zum einen neue Wege der Distribution (s. Kapitel 2.3) sowie – strukturell unaufwändiger – den Aus- und/ oder Aufbau von Werbepartnerschaften und Marketingformen.*

Der typische Weg, der dabei beschritten wird, ist der Folgende: Der Sender gibt z.T. enorm aufwändige Marktforschungen zur Akzeptanz und Nutzung seines Angebots in Auftrag[73] und legt diese Ergebnisse der Bewerbung der eigenen Werbe-

---

71 Während früher teure Tonstudios gemietet werden mussten, ist es inzwischen möglich, Musik am heimischen Computer aufzunehmen und über das Internet selbst zu vertreiben. Vor 20 Jahren brauchte man, um eine veröffentlichungsfähige Aufnahme auf Vinyl oder CD in den Handel bringen zu können, ein Studio, das einen Investitionswert zwischen einer halben und einer Million Euro hatte. Heute, mit dem heimischen Computer, kostet eine CD-fähige Aufnahme maximal 15.000 Euro. Die Reduktion der Produktionskosten und damit die (mehr oder weniger freie) Zugänglichkeit zu Produktionsmitteln sowie die Verfügbarkeit frei zugänglicher und kostengünstiger Distributions- und *Promotion*-Kanäle (wie etwa Web 2.0, wo kleine Labels ihre Produkte ins Netz stellen und so Aufmerksamkeit ohne kostenintensive Marketinginstrumente erzielen; vgl. Handke, 2005, 16), entzieht den großen *Labels* ihr globales Aufmerksamkeitsmonopol bzw. zwingt diese umgekehrt, alternative Wege zu beschreiten, um Aufmerksamkeit zu binden.

72 So ist die Anzahl angemeldeter Schallplattenfirmen von 150 im Jahr 1998 auf inzwischen 15.000 Labels gestiegen (vgl. Saerbeck, 2006). Die in der VUT (Verband unabhängiger Tonträgerunternehmen, Musikverlage und Musikproduzenten e.V.) zusammengefassten *Independent Labels* repräsentieren ca. 25% des deutschen Tonträgermarktes und zeichneten sich im Jahr 2004 für etwa 50% aller Neuveröffentlichungen verantwortlich (vgl. Handke, 2005).

73 *MTV Networks* informiert auf der Website „*viacombrandsolutions.de*" gesondert über die sendereigenen Studien (unter der Rubrik „*Research*") und stellt die Ergebnisse der Studien als *Download* zu Verfügung (vgl. *http://www.viacombrandsolutions.de/de/research/*). Erwähnenswert – aufgrund ihrer breiten Anlage – sind hier zunächst die internationalen Studien: „*The MTV Generation: Understanding European Youth Culture*" untersuchte in den Jahren 2004/05 Jugendliche und junge Erwachsene im Alter zwischen 16 und 34 Jahren in 11 Ländern Europas mit dem Ziel, Gemeinsamkeiten und Unterschiede europäischer Jugend aufzuspüren, um diese in so genannten *Mindsets* zu verdichten. Für die Studie „*Well Being*" wurden 6.000 Kinder, Jugendliche und Erwachsene im Alter zwischen 8 und 34 Jahren in 14 Ländern weltweit befragt; im Fokus stand die Frage, weshalb Menschen sich wohl fühlen und welche Faktoren darauf einen maßgeblichen Einfluss haben (vgl. *http://www.viacombrandsolutions.de/de/research/studien/*

kraft zugrunde. Insbesondere das Potenzial der Musiksender resp. der gezeigten Clips, Konsumimages durch ein günstiges Werbeumfeld zu transportieren resp. Trends durch die Ansprache so genannter *Opinion Leader* zu bedienen resp. sogar zu setzen, ist gefragt und soll durch entsprechende Studien dokumentiert werden.[74] Mit der *Viacombrandsolutions*[75] hat der *MTV*-Mutterkonzern *Viacom* eine eigenständige Abteilung für die Vermarktung seiner diversen TV-Sender ins Leben gerufen. Daneben versteht es der Sender aber ebenso brillant, sich mit eigenen Werbekampagnen[76] bei seinen Zielgruppen ins rechte Licht zu rücken und sich als deren Sprachrohr zu positionieren (vgl. Neumann-Braun, 1999, 393ff.).

Abbildung 2

---

international.html). Auf nationaler Ebene sind vier größere Studien erwähenswert: "*Love at second sight. Jugendliche und junge Erwachsene als Zielgruppe für Fast Moving Consumer Goods*", „*Youngminder: Einer Premium²-Zielgruppe auf der Spur*", „*Mindsets 1+2*" sowie „*Giving The Beat 1-3*" (vgl. *http://www.viacombrandsolutions.de/de/research/studien/national.html*).

74 Dass es *MTV* nicht versäumt, die sendereigenen Studien mit der entsprechenden Portion Mythos anzureichern, zeigen häufig bereits die Namen der Studien. So wird in einer internationalen Studie (s.o.) etwa von der „*MTV Generation*" gesprochen.

75 S. *www.viacombrandsolutions.de*.

76 Vgl. etwa die Werbekampagne „Made for Germany" (s. Abbildung 2).

Über die übliche Werbefinanzierung – also die Ausstrahlung von Musikvideos und Werbespots – hinausgehende Marketingengagements bestehen i.d.R. in der Übernahme längerfristiger Kooperationsverträge mit Unternehmen, deren Werbeinteresse sich auf die Zielgruppe lifestyleorientierter Jugendlicher und junger Erwachsener konzentriert. Hierbei existieren mehrere mögliche Formen der Zusammenarbeit. Im Falle der so genannten *On Air-Kooperation* wird die Marke oder das Produkt direkt im Programmumfeld der Sender platziert (etwa in Form eines Sponsorings einer bestimmten Sendung).[77] Ausbaufähig sind solche der klassischen Spot-Werbung nahe stehende Marketingformen zu umfassenderen, kundenindividuellen Kooperationen, indem fokussierte Aktionen (etwa ein Gewinnspiel) entworfen, exklusiv beworben (etwa durch einen entsprechenden Trailer) und *crossmedial* (z.B. im TV und Online) geschaltet werden.[78]

Mit den so genannten *Promostorys* (mindestens 90 Sekunden dauernde Clips, in denen Werbekunden viel Raum für die Präsentation ihrer Produkte geboten wird) sowie den *Spotpremieren* (hier wird der Werbespot exklusiv als Erstausstrahlung angekündigt und somit als *Event* inszeniert) sind Werbeformen angesprochen, die auf einen weiteren entscheidenden Aspekt der musikfernsehtypischen Vermarktungsstrategien aufmerksam machen, nämlich wie sehr Programm und Werbung – sowohl ästhetisch als auch von der Produktion her – ineinander übergehen. Häufig sind die Werbekunden selbst Initiator, Sponsor und Inhaltgeber einer Sendung, *MTV* fungiert lediglich noch als Distributionskanal und liefert das passende Werbeumfeld. Schließlich werden Werbepartnerschaften im Rahmen von *Event-Marketingstrategien* geknüpft, innerhalb derer entweder bei sendereigenen Events (etwa bei der Verleihung des Musikpreises *VIVA Comet*) diverse eingebettete Werbeformen angeboten werden (etwa TV-Präsenz, Online-Präsenz, Präsenz vor Ort, Sponsoring etc.) oder senderfremde Events als fertige Pakete (Tourkonzepte) bzw. als Werbeumfeld angeboten werden.

---

77 So unterhielt der Musiksender unter anderem folgende Sponsoring- und Kooperationsverträge: Mit der Frauenzeitschrift *Amica*, mit der die an Mädchen und junge Frauen gerichtete Mode- und Lifestyle-Sendung „*Amica TV*" produziert wurde; mit dem Jeanshersteller „*Mustang*", der die Sendung „*Jam*" sponserte; mit der Fastfoodkette *McDonald's*, die die Musiksendung „*Mc Clip Call*" sponserte. Des Weiteren wurde mit Firmen wie „*Siemens Mobile Phones*" oder dem Getränkehersteller *Punica*, welcher die Sendung „*Punica Jam Session*" unterstützte, kooperiert (vgl. Kurp, Hauschild & Wiese, 2002, 116). Aktuell werden etwa das *News Mag* auf *MTV* von *Sierra Tequila* sowie die Karaoke-Sendung *Shibuya* auf *VIVA* von *Playstation* präsentiert (vgl. *www.viacombrandsolutions.de/7*).

78 Aktuelle Beispiele hierfür sind etwa die Jeansmarke *Wrangler* mit der Kampagne „Bolzplatz gesucht!" oder der Deutsche Verkehrssicherheitsrat, der auf *VIVA* Führerscheine verlost (vgl. *www.viacombrandsolutions.de*).

2.3 Neue Distributionswege: digitales Fernsehen, Internet und Mobilfunk

Der Strukturwandel des Tonträgermarktes (s.o.) sowie die Digitalisierung der Medien(-distribution)[79] insgesamt zwingt auch die Musiksender zum Umdenken. Obwohl die Entwicklungen noch nicht abgeschlossen sind und sich Prognosen schwierig gestalten, soll im Folgenden ein skizzenhafter Überblick über die *verschiedenen Formen des Engagements der Musiksender MTV und VIVA in den Bereichen digitales Fernsehen, Internet und Mobilfunk* erfolgen. Es geht dabei um Bereiche, deren (ökonomische) Zukunftsträchtigkeit sich aus Einschätzungen darüber ableiten, dass die Verbreitung resp. Rezeption medialer Inhalte künftig vermehrt *digital* (etwa über digitales Fernsehen), *mobil* (möglich etwa durch Handy-Angebote) und *individuell zugeschnitten* resp. *interaktiv* (ermöglicht durch Netzangebote) erfolgt. Da es insbesondere das Musikfernsehen zudem mit einer jungen, innovationsfreudigen Zielgruppe zu tun hat, sind vielfältige Bestrebungen zu beobachten, neue Distributionskanäle zu erschließen.

2.3.1 MTV und digitales Fernsehen

MTV digital

Da das Betreiben eines digitalen im Vergleich zu einem analogen TV-Kanal nur etwa ein Fünftel der Kosten verursacht und damit sowohl eine Regionalisierung als auch eine Diversifizierung des Programmangebots begünstigt, fährt *MTV* zurzeit eine zweigleisige Strategie: Die Hauptprogramme des Senders sind wie gewohnt analog (via Satellit und Kabel) zu empfangen, während die digitalen Zusatzangebote[80] (u.a. auch das interaktive TV-Angebot; s.u.) gegen eine monatliche Gebühr

---

79 Digitalisierung bedeutet die Umstellung von analogen (kontinuierlichen) auf digitale (diskontinuierliche, binär codierte) Signale und damit einhergehend eine größere Effektivität der Speicherung und Übertragung von Mediensignalen (Vereinheitlichung/ Kompatibilitätssteigerung, Reproduktion ohne Qualitätsverlust). Mit Blick auf publikumsrelevante Einzelmedien begann diese Entwicklung mit der *Compact Disk* (1982) und erfasste in der Folge das Telefonnetz (*ISDN*) sowie die Rundfunkmedien Radio und Fernsehen (hier: *DVB-T*). Parallel hierzu entwickelten sich der Personal Computer resp. das Internet als von vorneherein digital ausgerichtete Medien, welche mehr und mehr ‚alte', herkömmliche Medieninhalte (Texte, Bücher, Filme, Musik, Radio- und Fernsehsendungen) kumulieren.

80 In Deutschland bietet *MTV* über den Satelliten Astra derzeit folgende sieben digitale Spartenkanäle im Paket *MTV Tune-Inn* ab 2,99 Euro mtl. an (s. *www.tune-inn.de*): *MTV2* (unkonventionellere Musik und Shows, Hintergrund- und *Backstage*-Berichte), *MTV Hits* (*Mainstream*-Musik aller Stilrichtungen inkl. Szene-*News*, Modetrends, *Gossip*, *Backstage*-Reportagen), *MTV Base* (*Urban Music*, d.h. *HipHop*, *R&B* und *Soul*), *VH1 Classic* (Klassiker, Oldies, Evergreens für eine ältere Zielgruppe), *VH1 Europe* (Chart-Musik der letzten Jahre, musikjournalistische

hinzugebucht werden können. Bis zum Jahr 2010, in dem digitales Fernsehen, i Deutschland flächendeckend eingeführt sein soll, wird *MTV* weiterhin kostenfre und analog zu empfangen sein. Dass *MTV* als einer der Pioniere im digitalen TV Empfang auftrat, verwundert nicht: Gerade für Musikspartenkanäle, die enge Pub likumssegmente zu bedienen haben und einen hohen Bedarf an kostengünstige bzw. sogar über Gebühren refinanzierbare Ausstrahlungsmöglichkeiten haben, is der Weg ins digitale Fernsehen lohnend. Musik(-video)sendungen sind – mit Blic auf die Programminhalte (s. Kap. 3) – damit zwar nicht obsolet geworden, wurde allerdings in einen kostenpflichtigen Bereich von Zusatzangeboten verschoben, de zudem mit kostenfreien Online-Angeboten konkurrieren muss.

MTV interaktiv

Interaktives Fernsehen (*iTV*) bietet Zuschauern die Möglichkeit, das TV-Gesche- hen mitzugestalten, es verfügt – technisch gesprochen – über einen Rückkanal.[81] Interaktive Angebote, welche auf Medienbrüchen beruhen (also einen Wechsel de Mediums zur Kommunikation mit dem Sender erforderlich machen), betreibe insbesondere die Musiksender seit langem intensiv: So konnten/ können Zuschau- er in bestimmten Sendungen

- entscheiden, welche Musikvideos gezeigt werden (*Dial MTV*, 1986 auf *MTV*; *Get the Clip* auf *VIVA*),
- mit den eingeladenen Stars sprechen (*Rock Line on MTV*, 1991 auf *MTV*),
- Ratschläge zu Liebe und Sexualität erhalten (*Loveline*, 1996 auf *MTV*) sowie
- aus unterschiedlichsten Motivationen anrufen und die Sendung spontan mitge- stalten (*Interaktiv* von 1993 bis 2004 auf *VIVA*).

Innovativstes Produkt in dieser Hinsicht ist eine Art ‚*Selfmade-MTV*': *MTV Flux* (Sendestart: 1. August 2006 in Irland und Großbritannien)[82] versucht das Konzept des aus dem Internet bekannten *Social Networking* auf das Medium Fernsehen zu

---

Formate), *MTV Dance* (Dance- und Party-Musik europäischer Clubs), *MTV Music* (aktuelle Hits aus den *European Top 40*). Siehe auch *www.MTV.co.uk/channel/MTV2* (Website eines der digitalen Spartenangebote) sowie *www.techniradio.de* (*MTV*-Paket im Angebot der Firma *TechniSat* (Marktführer im Bereich digitaler TV-Empfang)).

81 Woldt (2004, 303) unterscheidet vier Formen: Durch *Enhanced TV* werden zusätzliche Angebote wie Hintergrundberichte, Videoclips, Umfragen etc. zur Ergänzung von Fernsehinhalten gemacht. Bei den *24/7-Diensten* handelt es sich um ‚rund-um-die-Uhr' angebotene Dienste, die nicht in einem direkten Zusammenhang zu einer Sendung stehen, wie etwa Onlinespiele, Nachrichten und Info-Dienste. Mit *T-Commerce* können Waren und Dienstleistungen über den Bildschirm bestellt werden und *On-Demand*-Angebote ermöglichen es, Fernsehinhalte zeitunabhängig zu nutzen.

82 Vgl. *www.MTV.co.uk/channel/flux*

übertragen. Registrierte Zuschauer übernehmen dabei die Gestaltung des Programms. Ähnlich wie bei der *Online-Community MySpace* haben Mitglieder eine virtuelle Identität, können eigene Inhalte hochladen und miteinander über PC oder Handy in Kontakt treten. Die auf der *CeBIT* 2005 vorgestellte so genannte *iTV*-Plattform des Senders, welche eine rundfunkbasierte Interaktivität (also ohne Wechsel des Mediums) zuließe, ist aufgrund mangelnder technischer Ausstattung resp. hoher Anschaffungskosten auf Zuschauerseite allerdings noch Zukunftsmusik.

MTV mobil

Mit dem digitalen Fernsehstandard DVB-T können Endgeräte mit TV-Karte für den Fernsehempfang mobil genutzt werden (etwa Handys, Laptops oder *PDA*s (*Personal Digital Assistants*)). Da Handys von allen möglichen Endgeräten jedoch am weitesten verbreitet sind, konnte sich der Begriff „*Handy-TV*" etablieren (vgl. ARD/ZDF Projektgruppe ‚Mobiles Fernsehen', 2007, 11). Mobiles Fernsehen i.e.S. meint, „die direkte Fernsehübertragung (*Livestream*) via Mobilfunk oder Rundfunkempfänger auf mobile Endgeräte" (vgl. Breunig, 2006a, 550). Darüber hinaus werden individuell abrufbare *Videostreams*, mobiles *Video-on-Demand*, beispielsweise speziell produzierte Nachrichtensendungen oder so genannte „*Made-for-Mobile*"-Programme, d.h. Sendungen, in denen reguläre TV-Programme gekürzt bereitgestellt werden, als mobiles Fernsehen bezeichnet (vgl. ebd.). Prädestinierte Sendeformate sind Teleshopping, Musikvideos und so genannte *Mobisoaps*, *Soap Operas* für das Handy (vgl. Kaul, 2006) – wie gemacht für Musikspartenkanäle im Stile *MTVs*, wie auch Dieter *Gorny* mit dem Slogan „*We're the kings of the short attention span*" (vgl. Borchers, 2006) hervorhebt. So ist der Musiksender – als einer der Vorreiter der Branche – seit Sommer 2006 mobil zu empfangen. Die Ausstrahlung erfolgt mittels *UMTS*-Technik in Zusammenarbeit mit den Mobilfunkunternehmen *T-Mobile*, *O2* und *Vodafone*. Zu empfangen sind die Sender *MTV Music* (s.o.), welcher rund um die Uhr Videoclips ausstrahlt, sowie ein zweiter Sender, welcher – je nach Partnerunternehmen – unter den Namen *MTV Shorts*, *MTV Snax* oder *MTV mobile* firmiert und ein täglich aktualisiertes 60-minütiges Programm in Endlosschleife zeigt. Zu sehen ist eine Art *Best-Of* aus beliebten *MTV*-Sendungen (etwa *VIVA la Bam* oder *Pimp My Ride*) des Vortags. Auch über den Rundfunkstandard *DMB* (*Digital Multimedia Broadcasting*) ist *MTV* zu empfangen. Im Paket des Plattformbetreibers *Mobiles Fernsehen Deutschland* mit dem Namen *Watcha* (englisch umgangsprachig für „glotzen") sind neben *MTV Music* und *N24* das *ZDF* und *ProSiebenSat.1* mit einem *Comedy*- und *Entertainment*ableger zu erreichen.[83] Laut

83 Vgl. *www.digitalfernsehen.de/news/news_89887.html*

einer vom Sender in Auftrag gegebenen aktuellen Studie ist die Zahlungsbereitschaft von Jugendlichen für die Nutzung von Mobilangeboten acht Mal so hoch wie der Etat für den gesamten Musikkonsum. Im Jahr 2010 sollen die Jugendlichen dieser Welt, laut der *MTV*-Studie, bereits 7,6 Milliarden US-Dollar für das *Handy-Fernsehen* ausgeben (vgl. Borchers, 2006).

MTV-IP

Unter *IP-TV* (*Internet Protocol Television*) versteht man die Übertragung von Audio- und Videosignalen in TV-Qualität über Breitbandtelefonnetze auf ein Fernsehgerät. Die unter dem Begriff *IP-TV* gemachten Angebote (vgl. Arbeitsgemeinschaft der Landesmedienanstalten, 2006, 41 sowie Auf dem Hövel, 2006) sind deutlich abzugrenzen vom einfachen Internetfernsehen, wie es über breitbandige Leitungen möglich ist und im Rahmen des Webs 2.0 weltweit genutzt wird. *IP-TV* über *DSL* bedeutet „Fernsehen in Netzen mit garantierten Bandbreiten für qualitativ hochwertigen Empfang, der zudem auf das Gebiet beschränkt ist, für das der jeweilige Anbieter die Übertragungsrechte hat – für deutsche TV-Programme demnach die Bundesrepublik“ (vgl. Arbeitsgemeinschaft der Landesmedienanstalten, 2006, 41). Zudem geht es nicht um den Fernsehempfang am PC, sondern um Fernsehen auf einem konventionellen TV-Apparat. Technisch ist eine *Set-Top-Box* vonnöten, mit welcher die Verbindung allerdings über das Telefonnetz hergestellt wird. Meistens wird *IP-TV* über *DSL* als Teil eines so genannten *Triple-Play*-Pakets angeboten, zusätzlich zu Breitband-Internet und Telefon-*Flatrate* (vgl. ebd., 41f.). Vorteile der neuen Technik sind die umfassenderen Möglichkeiten der Integration interaktiver Elemente sowie die insgesamt flexiblere und komfortablere Handhabung (zeitversetztes Fernsehen, elektronische Programmführer (*EPG*), mobiler Empfang).

Aktuell gibt es in Deutschland zwei Anbieter: Zum einen ist dies *Alice homeTV* und zum anderen *T-com IPTV* via *VDSL*.[84] Beide haben in ihr Basis-Angebot die beiden Musiksender von *Viacom* integriert. Während bei *Alice homeTV* noch der Kindersender *NICK* zu empfangen ist, gibt es bei *T-com* den Kanal *ComedyCentral* mit im Paket. Als zusätzliche Pay-TV Sender sind die oben angesprochenen digitalen Spartenprogramme zum Angebot *Tune-Inn* zusammengefasst und zusätzlich buchbar.[85] Darüber hinaus startete *MTV* im Juli 2006 mit großem Erfolg die deutsche Version seines *Video-on-Demand* Onlinedienstes *MTV Overdrive*.[86] Analog zum US-amerikanischen Vorbild kann der Zuschauer hier sein eigenes

84 Vgl. *www.iptv-anbieter.info/iptv-provider/iptv-anbieter.html*
85 Vgl. *www.tune-inn.de*
86 Vgl. *www.mtvoverdrive.de*

Programm zusammenstellen. Im Angebot sind bekannte *MTV*-Rubriken wie Shows (etwa *Pimp My Ride*), Konzertmitschnitte, Interviews und die *MTV News*, vor allem aber auch jede Menge Videoclips. Das Angebot ist kostenlos, soll es doch zur Imagekorrektur beitragen und die Musikkanäle statt als Klingeltonsender wieder als popkulturelles Forum ins Gespräch bringen. Denn: Mit *MTV Overdrive* hat jeder die Möglichkeit, den Musikanteil wieder zu steigern (vgl. Renner, 2006). Wie hoch das Bedürfnis nach Musikclips ist, zeigen die Zahlen des neuen Angebots: Innerhalb der ersten zwei Wochen nach dem Start von *Overdrive* hat sich der *Traffic* auf der Homepage des Senders auf 11,1 Millionen *Page Impressions* verdoppelt.[87] Über einen so genannten *Media-Center-PC* namens *Viiv* ist es möglich, *MTV Overdrive* außer direkt im Netz auch auf dem heimischen Fernseher zu empfangen. Ein entsprechendes Gerät muss nur am Fernseher angeschlossen und über einen Breitbandzugang mit dem Internet verbunden werden. Auf diese Weise lässt sich individuelles Musikfernsehen auf dem heimischen Fernseher zusammenstellen.[88]

2.3.2 MTV und Internet

Im Gegensatz zum angestammten Geschäft von Musikspartenkanälen, dem TV-Markt, stellen Computer (resp. der PC) und Internet resp. deren populäre Nutzungsformen und Inhalte (allen voran das so genannte *WWW*) zunächst nicht bloß eine weitere Möglichkeit der Programmdistribution dar, sondern eine eigenständige und eigengesetzliche Einzelmediengattung, welche das Musikfernsehen als Musikvideoanbieter und popkulturelles Forum abzulösen drohen.[89] Dies betrifft insbesondere die durch den Netz-Pionier *Tim O`Reilly* zur Kennzeichnung des zweiten Internetbooms so bezeichneten *Web 2.0*-Angebote.[90] Hierauf mussten die Sender reagieren. Die folgende Zusammenstellung gibt einen Überblick, welche Angebotsformen die Musikkanäle angesichts dieser Situation entwickelt haben und betreiben:

---

87 Vgl. *MTV*-Pressemitteilung vom 08.08.2006.

88 Vgl. *www.mtv.de/overdrive/viiv.php.*

89 In der Kernzielgruppe der Musiksender nimmt sowohl die Anzahl derer, die regelmäßig das Internet nutzen (innerhalb der Altersgruppe der 14- bis 19-Jährigen sind es 96,1 Prozent, bei den 20- bis 29-Jährigen sind es 86 Prozent) als auch die Dauer der Internetnutzung (ca. zweieinhalb Stunden täglich verbringen die 14- bis 29-Jährigen online) ständig zu. Zugleich ist der TV-Konsum aufgrund dessen rückläufig: 31 Prozent geben an, wegen vermehrten *Surfens* weniger fernzusehen (vgl. van Eimeren/Frees, 2006, 404ff.).

90 „*Web 2.0*" fungiert als Überbegriff für neuere interaktive Anwendungsmöglichkeiten im Internet. Die unter dieser Bezeichnung zusammengefassten Plattformen und Dienste ermöglichen es jedem Internetnutzer, die Inhalte des *Word Wide Web (WWW)* selbst aktiv mitzugestalten (vgl. O'Reilly, 2006).

Herkömmliche Webpräsenzen

Beide großen Musikkanäle präsentieren sich im Rahmen eigener Homepages (*MTV* seit Oktober 1995 unter *mtv.com*, *VIVA* seit 1. Oktober 2000 unter *viva.tv*). Die Seiten sind vergleichsweise konventionell gestaltet und beinhalten klassische Angebote/ Rubriken wie TV, Stars, Charts, Events, Style, Win und Handy. Während *VIVA* sich verstärkt an weibliche, jüngere Zuschauer richtet (so ist eher chartkompatible *Mainstream*-Musik zu finden sowie Angebote rund um Mode und Styling), versucht *MTV* sich an ältere, progressivere Musikhörer zu richten (etwa erweiterte Info-Angebote zu Shows, Künstlern, Kinofilmen und Tourdaten sowie in Form von Hintergrundberichten). Nach aktuellen Zahlen der *Informationsgemeinschaft zur Feststellung der Verbreitung von Werbeträgern e.V.* (*IVW*) sind beide Seiten bei den Usern sehr beliebt: *Viva.tv* erreicht im Juli 2006 mit 16,6 Millionen *Page Impressions* einen bisherigen Spitzenwert; aber auch *MTV* kann sich mit respektablen 11,1 Millionen *Page Impressions* sehen lassen.

Musik-TV aus dem Netz I, Downloads

Mit Musiktauschbörsen à la *Napster* (1998 durch *Shawn Fanning* ins Leben gerufen), welche es ermöglichten, komprimierte Sounddateien (Standard: *MP3*) über das Internet weltweit zu tauschen (*Peer-to-Peer*-Technologie[91]), resp. mit seinen serverlosen Nachfolgern (wie beispielsweise *Gnutella*) sowie entsprechenden technischen Innovationen im Speichermedien- und Reproduktions-Bereich (CD/ DVD, ‚Brenner' und Brennsoftware)[92], ist das illegale Beschaffen von Musik zu einem Massenphänomen geworden (vgl. Kammer, 2003). Die Musikindustrie fährt angesichts dieser Situation eine (ambivalente) Doppelstrategie: Zum einen soll mit juristischen Mitteln die Musikpiraterie bekämpft werden, zum anderen indessen zugleich der neue Distributionskanal (das Netz) über eigene Angebote kostenpflichtiger Onlineshops/ Musikdownloads erschlossen werden. Zwar gibt es seit 2002 entsprechende Versuche, der durchschlagende Erfolg blieb allerdings bislang aus (vgl. Behm & Siegle, 2004). Versuche der *Viacom*, im Download-Geschäft Fuß zu fassen, verliefen bisher mäßig. Das im Sommer 2006 für den amerikanischen Markt in Kooperation mit *Microsoft* gestartete Angebot namens „*Urge*" liegt mit 2 Millionen angebotenen Titeln weit unter dem Angebotsumfang des Konkurrenten *iTunes*. Auch der Versuch, mit dem darin eingebetteten Paket, nämlich dem *WMP 11* als *Download-Client* sowie dem Endgerät „*Zune*"[93] dem *Apple*-Angebot (*iTunes*

91 Vgl. Schoder & Fischbach, 2002; Hess et al., 2002.

92 Vgl. Röttgers, 2003.

93 Bisher nur auf dem amerikanischen Markt erhältlich (vgl. N.N., 2007a).

esp. *iPod*) Konkurrenz zu machen, scheiterte. Zudem sind die Download-Gebühren von 0,99-1,99 Dollar pro Titel resp. 10,98-18,89 Dollar pro Album eher hoch angesetzt. Zusatzmaterial soll das *MTV*-Angebot von anderen Musikdiensten abheben: So bietet der Musiksender unter anderem exklusives Material aus seinem TV-Programm an (etwa Aufzeichnungen der beliebten *MTV Unplugged*-Konzertreihe) sowie Recherche- und Suchfunktionen (etwa in Form von *Playlists*). Ein Hemmschuh zur Durchsetzung der legalen Online-Musikdownloads ist die Inkompatibilität der verschiedenen Systeme (so lässt sich beispielsweise Musik, die bei *Urge* erworben wurde, nicht auf dem *iPod* abspielen und umgekehrt) sowie die unterschiedliche und geringe Verbreitung der jeweiligen Anbieter (während *iTunes* in Deutschland inzwischen verfügbar ist, gibt es für *Urge* noch keinen Markteinführungstermin).

Musik-TV aus dem Netz II, Streams

Im Gegensatz zu *Downloads* lassen sich *Streams* in Form von Video- oder Audiodateien direkt im Netz abspielen. In den Jahren 2005/06 entstanden eine Reihe so genannter Videoportale (wie *YouTube* oder *MyVideo*), auf denen usergenerierte oder recycelte (Grundlage ist hier i.d.R. von massenmedialen Produzenten hergestelltes AV-Material) Clips kostenfrei angeschaut werden können. Da es sich z.T. um urheberrechtlich geschütztes Material handelt, wie z.B. Musikvideos, forderte die *Viacom* den *Google*-Konzern (welcher das Videoportal *YouTube* 2006 aufkaufte) Anfang Februar 2007 auf, mehr als 100.000 illegal von *Usern* auf *YouTube* eingestellte Clips, welche durch die *Viacom* produzierte Inhalte zeigen, zu entfernen. *YouTube* hat daraufhin alle Inhalte der Viacomsender aus dem Portal gelöscht (vgl. N.N., 2007c). Inzwischen gibt es jedoch eine unüberschaubar gewordene Anzahl Nachahmer, die auf Videoplattformen illegale Inhalte anbieten. Um solchen Tendenzen zumindest teilweise vorzubeugen, schloss der Viacom-Konzern einen Kooperationsvertrag mit dem *YouTube*-Konkurrenten „*Joost*“[94] (vgl. Laube et al., 2007) ab.

Ein weiteres Projekt im *Video-Stream*-Bereich und – gewissermaßen – eine (verspätete) Antwort auf *YouTube* ist das im Oktober 2005 erworbene Online-Video-Netzwerk *iFilm*[95], welches seitdem zur *MTV Networks*-Familie zählt. Bereits ein Jahr später, im August 2006, kauft die *Viacom* das Video- und Entertainmentportal

94 „*Joost*“ wurde von *Niklas Zennström* und *Janus Friis*, die schon die *P2P*-Tauschbörse *Kazaa* und die Kommunikationsplattform *Skype* entwickelt hatten, gegründet, um das „Beste aus TV und Internet zu einer ‚Fernseh-ähnlichen‘ Erfahrung mit den Vorzügen des Web 2.0“ miteinander zu verbinden (vgl. N.N., 2007b).

95 Vgl. *www.ifilm.com/about/*.

Atom Entertainment Inc. zum Preis von 200 Millionen US-Dollar[96] sowie die Firma *Xfire Inc.* für 102 Millionen Dollar, die Foren für Onlinespiele anbietet.[97] Die Musiksender engagieren sich innerhalb solch unkontrolliert wachsender Kommunikationsnetzwerke, um einerseits den ‚Anschluss nicht zu verpassen', andererseits vor allem aber auch, um mit Hilfe professionellen *Know-Hows* diese für ihre Zwecke dienstbar zu machen. Denn: Videoportale wie *YouTube* sind nicht bloß lästige Konkurrenz für Fernsehtreibende sondern auch kostengünstige und mit wenig Aufwand verbundene Werbeplattformen, auf denen in kürzester Zeit für wenig Geld sehr viel Aufmerksamkeit generiert werden kann. Der Nachteil ist allerdings, dass diese Prozesse – zumindest zurzeit – kaum kalkulier- und kontrollierbar sind. Konkurrenz droht *MTV* jedoch inzwischen auch auf seinem ureigensten Terrain: So etablierten sich im Netz alternative Musikfernsehangebote (etwa der von Studenten der FH Furtwangen gegründete Online-Musiksender *tunespoon.tv* (vgl. Renner 2006)) sowie Anbieter von Live-Konzert-Mitschnitten (vgl. *www.fabchannel.com*). Neben *Videostreaming* setzt der *MTV*-Konzern darüber hinaus inzwischen vermehrt auf Angebote im Bereich *Audiostreaming*: Über seine Homepage bietet *MTV* in Deutschland etwa vier verschiedene Radiosender kostenfrei an.[98]

Musik-TV aus dem Netz III, Communities

Neben Info- und Medienangeboten im Rahmen klassischer Homepages sind es v.a. Web 2.0-Angebote, die als Werbeplattformen wie geschaffen scheinen. So genannte *Social Network Sites* (etwa das Angebot *MySpace.com*) ermöglichen es Nutzern, ein virtuelles Interaktions- und Beziehungsgeflecht aufzubauen. Ursprünglich gegründet, um Newcomer-Bands ein Forum zu bieten, zählt *MySpace*[99] aktuell ca. 140 Millionen Mitglieder weltweit, die meisten davon zwischen 15 und 24 Jahren, und täglich kommen etwa 230.000 neue User hinzu (vgl. Hornig, 2007). Noch drastischer als bei den Videoportalen wird deutlich, welche (werbestrategische) Bedeutung die neuen Angebote für die Musiksender haben: *MySpace* hat nicht nur das Potenzial, Stars hervorzubringen und neue Trends zu setzen[100]; viel-

96 Vgl. *www.atomfilms.com/home.jsp*

97 Vgl. N.N., 2006a.

98 Vgl. *www.mtv.de/radio/*

99 S. hierzu die Arbeiten von *Danah Boyd*, zugänglich unter *http://www.danah.org/papers*.

100 Beispielhaft hierfür ist die Karriere der Londoner Sängerin *Lily Allen* (vgl. *www.lilyallenmusic.com*), die durch die *MySpace*-Gemeinde entdeckt wurde und inzwischen bei *EMI Music* unter Vertrag ist (vgl. Behr, 2006). Eine ähnliche Entwicklung zeigte sich im Falle der *Arctic Monkeys* (vgl. Spieß, 2006). Die immense Bedeutung von Internetangeboten wie *MySpace* für Jugendliche und Jugendmedien veranlasste *Tom Anderson*, einer der *MySpace*-Gründer, den Spieß umzudrehen: Im Nachrichtenmagazin ‚Der Spiegel' wird er mit dem Statement: „*We have replaced MTV*" zitiert (vgl. Hornig, 2007).

mehr scheinen auf *Online-Communities* setzende Angebote Vorreiter eines gewandelten Mediennutzungsverhaltens zu sein, nämlich weg vom vorgegebenen Fernsehprogramm hin zu selbst kreierten Inhalten mit der Option, dies in Richtung interpersonaler Kommunikation zu verlängern. Versuche, an diesem Potenzial zu partizipieren, gibt es: Die Plattform *MTV Flux* (s.o.) soll im Stile einer *Online-Community* betrieben werden. Im firmeneigenen Werbetext heißt es: *„MTV Flux (...) puts the audience in control. The launch of Flux takes the concept of virtual communities to an entirely new level (...)".*[101] Inwieweit dies gelingen wird, bleibt abzuwarten. Bisher ist *MTV Flux* nur in Großbritannien und Irland verfügbar.

2.3.3 MTV und Mobilfunk

Insbesondere im zielgruppenrelevanten und wachstumsintensiven[102] Mobilfunk- und Handybereich übernehmen die Musiksender eine Vorreiterrolle.[103] Entsprechend groß und vielseitig sind inzwischen das Angebot und die Kooperationen der Musiksender auf dem mobilen Markt. Die folgende Zusammenstellung gibt einen knappen Überblick:

Personalisierungsangebote

Das Angebot an Klingel- und SMS-Tönen, Bildern und Videos, mit denen jeder Nutzer sein Handy individuell gestalten kann, hat in den letzten Jahren stetig zugenommen und ist zu einem wichtigen Markt für die Musiksender, aber auch für die Musikindustrie insgesamt geworden. Im Jahr 2004 erwirtschaftete der Vertrieb von Handy-Klingeltönen erstmals mehr Umsatz als der Verkauf von CD-Singles (vgl. Klarmann, 2004). Allerdings weist das Klingeltongeschäft enge Grenzen auf: Im Gegensatz zum Vertrieb von Popmusik in Form von Songs oder Alben, wo es (auch) um ästhetische Geschmacks(bildungs)prozesse und das Evozieren bestimmter Stimmungen geht, sind Klingeltöne – als auditive Fragmente bekannter Melodiefolgen – bloße Imagegeneratoren. Sie verkaufen sich erst, wenn sie bereits populär sind und dann auch nur in enger Fokussierung auf ihre referentielle Funktion (die Sendung, der populäre Song etc. für die/ den der Klingelton steht, muss

101 Vgl. *www.viacomnetworks.co.uk/channels/music#flux*

102 Im Jahr 2006 hat mit 92 Prozent fast jeder Jugendliche zwischen 12 und 19 Jahren mindestens ein eigenes Handy zur Verfügung und wendet durchschnittlich 20 Euro pro Monat dafür auf (vgl. JIM, 2006, 48).

103 *MTV* hat mit „*3*" in Österreich und *Vodafone* in Deutschland bereits *UMTS*-Services gelauncht und *VIVA* Plus war bei ersten DVB-H Testversuchen beteiligt.

erkennbar werden). Die Bereitschaft Jugendlicher, Geld für Handyfunktionen auszugeben, ist jedoch offenbar wesentlich höher, als das für herkömmliche Angebote wie etwa Tonträger der Fall ist, was zu einer massiven Bewerbung insbesondere von Klingeltönen, vor allem bei den Musikkanälen, führte. Marktdominierend ist hier der Anbieter *Jamba!*, der für seine Produkte ganze Werbeblöcke bei *MTV* und *VIVA* schaltete.[104] Musikfernsehen wurde zwischenzeitlich zum „*Jamba!-TV*" und Gegner spotteten: „*Ringtone killed the Videostar*" (vgl. Sozioland Umfrage 2006). Obwohl das Geschäft lief (teilweise stammten 40 Prozent der Werbeeinnamen *MTVs* aus der Klingtonwerbung!), nahmen die Sender die massive Abwehr aus Angst vor weiteren Imageverlusten ernst und schränkten Werbung für Klingeltöne Mitte des Jahres 2005 ein. Dennoch bleibt *Jamba!* wichtigster Kooperationspartner: So lizenzierte *MTV* im Januar 2007 sämtliche Rechte für die mobilen *Contents* seiner Sender im deutschsprachigen Raum an *Jamba!* und zusätzliche Produkte wie Klingeltöne, *Wallpapers* und *Handygames* zu *MTV*-Serien sollen gemeinsam vermarktet werden. Darüber hinaus betreibt *MTV* ein Portal mit eigenen Personalisierungsangeboten.[105]

Entertainmentangebote

Neben den obligatorischen Klingeltönen und *Handygames* bieten die Sender auf ihren *Hompages* (insbesondere *VIVA*) weitere kostenpflichtige Unterhaltungsangebote feil: Mit den *MTV Fun Buttons* etwa lassen sich *Sounds* (10 Stk. für 4,95 Euro zzgl. Gebühr) populärer *MTV*-Shows aufs Handy spielen; mit dem in Kooperation mit *Jamba!* betriebenen *VIVA Liederladen* (seit September 2006 online) haben Nutzer mit dem speziellen *Jamba! Music Player* die Möglichkeit, sich aus einem Repertoire von ca. 500.000 Titeln Songs auf PC und Handy zu laden.[106] Das

104 Ca. 50.000 verschiedene Klingeltöne stehen für den willigen Konsumenten bei *Jamba!* bereit. Die Jahresumsätze des Unternehmens stiegen zwischen 2003 und 2005 von 40 Millionen auf 500 Millionen Dollar (vgl. N.N., 2006b). Einzelne Spots, wie beispielsweise für das kleine Küken *Sweety*, waren bis zu 150-mal pro Tag auf *VIVA* zu sehen. Allein dort lief jeden Tag über dreieinhalb Stunden *Jamba!*-Werbung, teilweise in Werbeblöcken mit einer Länge von über 15 Minuten (vgl. Niggemeier, Stefan (2005): Jedes Tönchen ein Milliönchen. Download unter http://www.faz.net/s/RubCD 175863466D41BB9 A6 A93D460B81174/Doc~EEC 1B8302D 08B4E109882036 282FF8369~ATpl~Ecommon~Scontent.html..

105 Vgl. *www.flux.com/*.

106 Die Musik wird dabei entweder gemietet oder gekauft. Im Falle eines Mietabonnements besteht die Wahl zwischen einer so genannten Liederladen-*Flatrate* (zum Preis von 14,95 Euro pro Monat stehen unbegrenzt Songs zur Verfügung) und dem Tarif *Liederladen Music 20* (pro Monat können 20 verschiedene Titel aus dem verfügbaren Repertoire geladen und abgespielt werden). Die Titel stehen nur solange zur Verfügung, wie das Abo besteht. Daneben besteht die Möglichkeit, Musik zum Preis von 1,29 Euro pro Song käuflich zu erwerben, womit der Nutzer die Rechte an der Musik erworben hat und sie jederzeit auf einem Player seiner Wahl abspielen kann.

Portal *MTV-Wap*[107] bietet Downloads fürs Handy (Klingeltöne, Games etc.), News, einen Chat-Bereich und Infos rund um das *MTV*-Programm sowie die aktuellen Charts. Eine Innovation bei *VIVA* ist der kostenlose *Download* von *Podcast*-Sendungen[108] als Audio- oder Videodatei auf ein kompatibles Abspielgerät wie einen *MP3*- bzw. *Videoplayer*.

Kommunikationsangebote

Neben der Möglichkeit, per SMS Nachrichten und Grüße über die Homepages der Musiksender zu verschicken, sind es v.a. *Community*-bildende Kommunikationsangebote, die die jugendliche Zielgruppe anlocken. In Zusammenarbeit mit der Firma *Mobile Streams Europe* hat *MTV* das Portal *FunkySexyCool* entwickelt, das die Potenziale einer *Social Network Community* (s.o.) mit den Möglichkeiten des Mobilfunks kombiniert. Auf diese Weise soll eine *Mobile-Community* entstehen, in der sich die Jugendlichen gegenseitig via SMS bewerten. Der Tages-, Wochen- oder Monatssieger erhält Preise.[109] Die neue Geschäftsidee verspricht Profit: Zu den Erlösen durch SMS kommen die Einnahmen durch Werbeanzeigen und Promotion (vgl. Koesch et al., 2006).

Tarifangebote

Auch im Geschäft mit Handytarifen sind die Musiksender aktiv. *VIVA* und *E-Plus* kooperieren seit 2005 und bieten ein Spar-Paket an, das an den Bedürfnissen der jungen Zielgruppe orientiert ist (das heißt v.a. günstige SMS-Tarife). Der *Prepaid*-Tarif firmiert seitdem unter dem Namen *VIVA Prepaid*-Karte mit entsprechendem *VIVA*-Design. Während *E-Plus* auf Kundenzuwächse vor allem bei den 12- bis 17-Jährigen hofft, bietet sich für *VIVA* der Einstieg in das lukrative Geschäft mit Mobilfunkangeboten und eigenen *VIVA*-Mobilprodukten, ein Geschäftszweig, der wie geschaffen scheint für die Expansion der eigenen Produkte und v.a. für die Pflege der eigenen Marke. So heißen SMS bei *VIVA* in Anlehnung an den Sender-

---

107 Mit *MTV Wap* (*URL: www.mtv.de/ringding/wap.php*), kurz für *Wireless Application Protocol* (eine Technik, mit der Inhalte aus dem Internet für die Nutzung über Mobiltelefone aufbereitet werden), besteht ein spezialisiertes Online-Angebot für das Mobilfunk- und Handygeschäft.

108 Das Wort „*Podcast*" setzt sich aus dem Namen des *Apple-MP3-Players iPod* und dem englischen Begriff „*Broadcasting*" für Rundfunk zusammen. Als Ideengeber gilt der ehemalige *MTV-VJ Adam Curry*, der gemeinsam mit *Dave Winter* die Idee zu einer flexiblen Radio-Alternative hatte. Im Gegensatz zu *Video-on-Demand*-Dienstleistungen sind *Podcasts* meistens kostenlos und lassen durch ihre flexible Verfügbarkeit neue individuelle Möglichkeiten der Mediennutzung entstehen (vgl. Spieß, Christian (2005): Die parallele Musikindustrie. Download unter: www.heise.de/tp/r4/artikel/21/21356/1 .html.

109 Vgl. *www.funkysexycool.de/de/web/index.php*

namen *Vims* und sind als kleine, runde Kuschelmonster – zielgruppenadäquat – visualisiert.[110] Bei *MTV* war der Einstieg ins Mobilfunkgeschäft in Vorbereitung. Bis zur *CeBIT* 2007 sollte ein eigenes Handy mit entsprechenden Tarifen angeboten werden. Der aktuelle Relaunch der Homepage MTVs[111] lässt jedoch erkennen, dass die Viacom Handyangebote im MTV-Umfeld abzog und dafür bei VIVA ausgebaute.

---

110 Vgl. *www.viva.tv/microsites/handy_microsite/*

111 Stand der Recherche von Mai 2007.

3. Das Produkt: VIVA/ MTV (Musikvideos als Programmelemente, Inhalte und Formate des Gesamtprogramms, Senderprofile)

Ureigenster Programmbestandteil des Musikfernsehens ist das *kommerzielle Musikvideo* (s. Kap. 1 zum Musikvideo als medialer Produktgattung sowie Kap. 2 zum Einsatz des Musikvideos im Rahmen programmpolitischer Strategien). Das ökonomisch relevante Produkt allerdings ist der *Programmfluss* des jeweiligen Senders, innerhalb dessen der Anteil und die Platzierung von Musikvideos variieren können. Als (zumindest zu Anfang) aufmerksamkeitserregende und exklusive Programmelemente der Musiksender waren die Musikvideos von Beginn an ein ‚Spielball' ökonomischen Wettbewerbs (vgl. Schmidt, 1999, 112ff.). In den Anfangszeiten der Musikspartenkanäle äußerte sich dies in langwierigen Auseinandersetzungen zwischen den großen Plattenlabels und *MTV* um den ökonomischen und kulturellen Status des Musikvideos. Die kontinuierlichen Bestrebungen der *Labels*, Lizenzgebühren für die Ausstrahlung von Clips zu erheben, ist ein Hinweis auf deren ambivalenten Status als einerseits Werbung für Popmusik und andererseits Programminhalt der Musiksender. Obwohl oder gerade wegen ihres Charakters als einer Art ‚Kunst-Kommerz-Zwitter' (vgl. zfs. Neumann-Braun & Schmidt, 1999) erfreuen sich die Clips nach wie vor regen Zuspruchs und gelten bis heute als Aushängeschild und Messlatte der Musikspartenkanäle. Dass die Zukunft *MTVs* in Sendungen zu suchen ist, die sich vom (reinen) Abspielen kommerzieller Clips bzw. überhaupt vom musikalischen Sektor entfernen – was im Übrigen 1993 bereits Goodwin mutmaßte (vgl. Goodwin, 1993, 53) – steht hierzu in keinem Widerspruch: Die Musiksender – so bewerten es sowohl kritische Beobachter als auch die Macher selbst – haben heute sowohl den Bereich populärer Musik resp. überhaupt den Bereich des ‚Pop' informiert abzudecken, und dazu gehören für einen AV-Medien-Betreiber auch Musikvideos, wie auch ansonsten übliches, allerdings jugendkompatibles TV-*Entertainment* zu bieten (bis hin zu *Info*- und *Dokutainment*). Die programminhaltliche Entwicklung der Musiksender (hier am Beispiel *MTVs*) lässt sich als einen Weg von reinen Musik(video-)spartenkanälen hin zu *klassischen Vollprogrammen* begreifen. Dies soll im Folgenden skizziert werden.

In der Anfangsphase trat *MTV* eindeutig als reiner Musikvideosender an; der *Clip-Flow* resp. die an das Programm eines DJs erinnernde Präsentation (visueller) Musik durch *VJs* (*Video Jockeys*) war bewusst in Abgrenzung zum traditionellen Fernsehen mit starrem Programmkorsett gewählt (s.a. Kap. 2). Während man sich in den ersten Jahren auf die Präsentation von *Mainstream*-Musikstilen beschränkte, erweiterte sich die Musikfarbe sukzessive mit der zunehmenden Diversifizierung jugendkultureller Musikstile. Mehr und mehr avancierte *MTV* zu einem jugendkulturellen Forum, welches das Spektrum musikalischer Stilrichtungen nicht bloß durch das Abspielen der entsprechenden Clips (hierzu gehören die bis heute aktuellen Clip- und Musikshows (wie etwa: *MTV Noise* oder *TRL*) resp. Chart-Formate (wie etwa „*European Top 20*" oder „*Viva Top 100*")) abdeckte, sondern auch darüber informierte und berichtete (in Musikmagazinen wie *MTV Rockzone* oder *MTV Urban*) und sich durch die Qualität dieser Berichterstattungen selbst als Teil der betreffenden Stilrichtung zu etablieren vermochte. Sendungen wie *Yo! MTV Raps*[112] oder *Wah Wah* (eine Sendung auf *VIVA2*) steigerten die Popularität und Verbreitung aber auch das Wissen um bestimmte Musikstilrichtungen enorm. Hinzu kamen Live-Berichterstattungen rund um Musik- und Lifestyle-Events, Konzertmitschnitte sowie Live-Auftritte der Stars (etwa bei *MTV Unplugged*). Schließlich etablierte *MTV* mit den *MTV Video Music Awards* (erstmals 1984) einen international renommierten Musikpreis (regionales Analogon: *VIVA Comet*). Zugleich griff *MTV* Trends und Entwicklungen auf, die zwar im Umfeld der Musikszenen und Jugendkulturen entstanden bzw. sich auf diese bezogen, jedoch im engeren Sinne nichts mehr mit Musikberichterstattung zu tun hatten. Hierzu gehör(t)en Sendungen wie „*Beavis and Butthead*" (eine Verballhornung der Heavy-Metal- und Hard-Rock-Szene) oder „*Jackass*" (eine aus der amerikanischen *Skater*szene heraus entstandene *Stuntshow*), welche eindeutig bestimmten Musikszenen und deren typischen Ausdrucksformen zuordenbar sind.

In dem Maße, in dem Popmusik und Lifestyle ineinander aufgingen und im Zuge dessen identifizierbare und differenzierbare Jugendsubkulturen mehr und mehr durch eine allgemeine jugendkulturelle Orientierung abgelöst wurden[113] resp. in höhere Altersklassen ‚abwanderten', ging *MTV*, um seine jugendliche Zielgruppe (weiterhin) zu erreichen, mehr und mehr dazu über, auf andere Distinktionspotenziale als die (Pop-)Musik (welche heute auch die über 40-Jährigen konsumieren) alleine zu setzen. So verläuft die Abgrenzung zur Elterngeneration – zumindest in ihrer televisionären Gestalt – heute weit weniger über Musikvorlieben als entlang visueller Geschmacksgrenzen und Ästhetiken sowie Fragen öffentlichen (Nicht-)Zeigens. Dies gilt insbesondere für so genannte *Reality-Shows* resp. *Doku-Soaps* (Pionier: „*The Real World*"/ Erstausstrahlung: 1992), welche zwischenzeitlich etwa ein Drittel des *MTV*-Programms ausmachten (s. Abb. 3). Aber auch in Sendungen wie *Jackass* und deren Derivaten (etwa *Viva la Bam*, *Wildboyz*), Zeichentrickreihen wie *South Park*, *Popetown* oder *Drawn Together*, Animationsserien wie *Celebrity Deathmatch* oder *Comedy-Shows* wie *Mein neuer*

112 Vgl. Batschari, 1997.
113 Vgl. hierzu Holert & Terkessidis, 1996 sowie Schmidt & Neumann-Braun, 2003.

Freund werden Geschmacksgrenzen und gesellschaftliche Tabus berührt oder überschritten, teilweise werden bewusst Werte einer aufgeklärten Erwachsenenwelt scherzhaft ‚entweiht' (etwa bei *South Park*). Darüber hinaus versteht es *MTV* perfekt, jugendliche Sehgewohnheiten und Geschmacksvorlieben zu bedienen. Themenspektren und ästhetische Gestaltungskonventionen scheinen exakt auf die jugendliche Zielgruppe abgestimmt: So bedienen

- *Reality-Shows* Bedürfnisse nach Echtheit, Authentizität und Unverstelltheit resp. umfänglicherer Selbstdarstellung, *Dating-, Casting-* und Veränderungs-Shows (etwa: *I Want a Famous Face, MTV Made, Dismissed, Pimp my Ride, Room Raiders* etc.) Bedürfnisse nach Persönlichkeitsentwicklung und (beruflichem) Erfolg auf der Basis sozialen Vergleichs sowie
- *Action-* und *Stunt-Shows* (etwa: *Jackass, Viva la Bam*) Bedürfnisse nach Freiheit (Regellosigkeit, Nonsens), Spannung (*thrill*) und Widerständigkeit sowie
- *Party-* und *Lifestyle-Shows* (*My Super sweet 16, Laguna Beach*) Bedürfnisse nach Freizeit, Entspannung und sozialem Miteinander.

Hinzu kommt eine Vorliebe für sarkastische *Comedy* und *Cartoons* (etwa: *South Park, Celebrity Deathmatch, Happy Tree Friends, Mein neuer Freund, Scare Tactics, Drawn Together* etc.), welche kognitive Bedürfnisse durch die Integration von Wiedererkennbarkeiten, Genrereferenzen, Bewertungsambivalenzen, Absurditäten und Inkongruenzen zu befriedigen vermögen. Zudem sind jugendrelevante Themen wie Sexualität/ sexuelle Attraktivität, Kennen lernen/ Flirten, Paarbeziehungen, Identitätspräsentation/ Status in der *Peer-Group*, Zusammenleben, Karriere im Medienbereich/ *Celebrities*, Mode/ Styling sowie Events/ Freizeitgestaltung angesprochen.

Zusätzliche Attraktivität wird durch die Verwendung unterschiedlicher medialer Gestaltungstraditionen und -genres (Comic, Animation, Manga, TV-Serie, Live-Bericht, News, *Reality*-TV etc.) sowie die insgesamt einer Clip-Ästhetik (schnelle Schnitte, laute Musikunterlegung, unkonventionelle Kameraperspektiven und -bewegungen, insgesamt knappe, clipartige Beiträge, fließende Übergänge, Verzicht auf längere Wortbeiträge) folgende Gestaltung des Programms erzielt.

Letzteres bewirkt zudem eine Homogenisierung des Programmablaufs, welcher dadurch flüssiger und kontinuierlicher erscheint (so lassen sich die Werbetrailer für Produkte, Events oder den eigenen Sender ästhetisch kaum vom regulären Programm resp. den ausgestrahlten Clips unterscheiden (vgl. Schmidbauer & Löhr, 1996, 11)).

Hinzu kommt schließlich ein insgesamt unkonventioneller, wenig textlastiger und in jugendlichem Sprachduktus gehaltener Moderationsstil sowie Moderator/ -innen, die als Identifikationsfiguren fungieren (vgl. Schmidbauer & Löhr, 1999, 330).

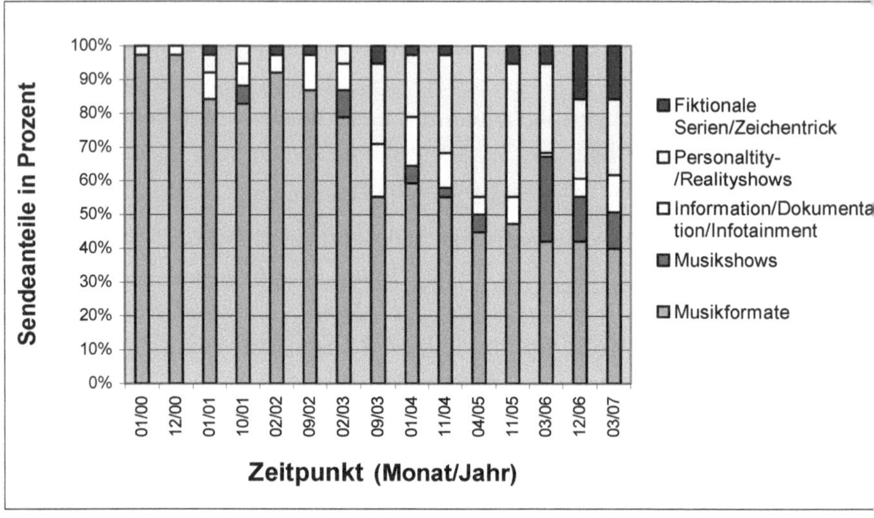

Abb. 3: MTV Formatverteilung/Wochentage

Die Grafik gibt Aufschluss über die programminhaltliche Entwicklung *MTVs*, indem die Verteilung unterschiedlicher Formate im *MTV*-Wochenprogramm seit 2000 aufgeschlüsselt wird.[114]

Deutlich zu sehen ist, dass es zwar weiterhin an populärer Musik ausgerichtete Formate gibt, sie jedoch gerade einmal noch die Hälfte des Programms ausmachen. Verstärkt wird dieser Eindruck zudem dadurch, dass Musikvideo-Formate in die Randzeiten (morgens, vormittags) abgewandert sind. Andere Formate beherrschen inzwischen die Sendeplätze, vornehmlich sind es *Personality- und Reality-Shows* (ca. 20 Prozent), Zeichentrickserien und *Animes* für Erwachsene (über 15 Prozent) sowie *Doku-* und *Infotainment*-Formate (ca. 10 Prozent).

Neben soziokulturellen und rezeptionsästhetischen sind es allerdings vor allem medienökonomische Gründe, die den Rückgang der Clips und Musiksendungen zugunsten herkömmlicher Fernsehformate im Programm der Musiksender erzwingen. Galten *MTV* und *VIVA* in ihrer Anfangszeit noch als Garanten für Chart-Erfolge, so haben sie heute ihre einstige Monopolstellung verloren. Dies hat unterschiedliche, sich wechselseitig verstärkende Ursachen. Zunächst sind die Musiksender schon lange nicht mehr die einzigen Präsentatoren von Popmusik und Videoclips. Insbesondere entsprechende Internetangebote laufen den Clipsendern mehr und mehr den Rang ab. Aufgrund dessen beginnen auch die Künstler, insbesondere *Newcomer*, nach Ausweichmöglichkeiten zu suchen. *Smudo*, Mitglied der deutschen HipHop-Band „*Die Fantastischen Vier*" äußert sich im Interview wie

114 Vgl. hierzu ausführlich Neumann-Braun & Mikos, 2006, 115ff.

folgt: „Heute ist die Bedeutung von *MTV* einfach geringer, daher präsentieren wir unseren neuen Clip auch in der ARD. Auf *MTV* fällt der Clip nicht auf, in der ARD schon". Darüber hinaus sind durch die Krise der Musikindustrie (s. Kap. 2) die Budgets der Plattenfirmen für Clipproduktionen soweit gesunken, dass teilweise nur noch weniger als ein Drittel der früheren Gelder zur Verfügung stehen.

Hinzu kommt, dass musiksenderseitig auch die Plattformen für Clips sukzessive reduziert werden, was wiederum die Plattenindustrien veranlasst, ihr Engagement in der Videoclipproduktion zu drosseln. In den Worten des Musikjournalisten *Christian Stolberg*: „Die Budgets sind dramatisch zurückgefahren worden von der Tonträgerindustrie, da die Chance, dass man überhaupt Plattformen dafür bekommt, zurückgegangen ist. Um die Jahrtausendwende hatte sich ein riesiger Butterberg an ungespielten Videos angesammelt. Da steckte natürlich viel Geld drinnen und die Tonträgerindustrie, die ja nun weiß Gott genug Probleme und immer weniger Geld hat, kann sich das einfach nicht mehr leisten, richtig große Summen in Videos zu stecken, die keiner mehr spielt. Das ist die eine Tendenz: also weniger Abspielflächen in den Sendern. Weniger Videos, weniger Budgets, die da rein gesteckt werden". Diese Situation animiert wiederum die Künstler – wie im Fall der Band „*Jimmy Eat World*" – ihre Clips mit geringstem finanziellem und technischem Aufwand gleich selbst herzustellen, da mit dem Internet resp. den Videoportalen ein frei zugängliches, distributives Experimentierfeld gegeben ist (vgl. Keazor & Wübbena, 2005, 11).[115] So befinden sich die Musiksender heute in einer Situation, in der sich Clips veralltäglicht und werbestrategisch abgenutzt haben (Inflationierung). Und hier schließt sich der Kreis: Als Reaktion auf diese Entwicklungen gestalten die beiden Kanäle ihr Programm vermehrt mit TV-Formaten ohne Clipanteil, d.h. die Räume für Musikclips schrumpfen weiter. Durch die veränderte Programmstruktur lassen sich Werbezeiten auch besser verkaufen, da durch die TV-Formate das Publikum eher gebunden werden kann. *MTV* ist damit endgültig im traditionellen Fernsehgeschäft angekommen, was v.a. eine *deutlichere Profilierung der einzelnen Sender* resp. deren Zielgruppenansprache bedeutet.

Die einstigen Konkurrenten, *MTV* und *VIVA*, operieren heute ‚unter einem Dach', was es erforderlich machte, die *Sender neu zu positionieren und zu profilieren* (s.a. Kap. 2.1). Zunächst wurde die Anzahl von vier auf zwei Musiksender reduziert (*MTV2Pop* musste 2005 dem Kinderkanal „*NICK*", *VIVA plus* 2007 dem *Comedy*-Kanal „*Comedy Central*" weichen). Die beiden übrig gebliebenen Sender, *MTV* und *VIVA*, agieren weiterhin als Musikkanäle, allerdings mit unterschiedlicher Zielgruppenausrichtung.

---

115 Dass diese Möglichkeit mittlerweile auch von etablierten Bands genutzt wird, zeigt wiederum die Band „*Die Fantastischen Vier*", die den Clip zum Song „*Ernten was wir säen*" bei *YouTube* einstellte (s. *http://www.youtube.com/watch?v=kicwl6skmWA*).

- *MTV* soll, wie bereits angekündigt, eine eher männliche Zielgruppe ab 16 Jahren erreichen und als innovativer und progressiver Trendsetter fungieren. In den Worten von *Elmar Giglinger* (Mitglied der Geschäftsleitung und Programmdirektor bei *MTV Networks*): „*MTV* ist deutlich internationaler, *MTV* ist männlicher, *MTV* ist progressiver, *MTV* ist mutiger. *MTV* steht unter der Überschrift *Be different*". Erreicht werden soll dies durch Showformate wie *Jackass* oder *Viva la Bam* (vgl. auch Kurp, 2004, 29), einer Musikauswahl, die dem Motto ‚progressive Musik auf populärem Fundament' folgt, sowie insgesamt durch einen Mix aus an aktuellen Trends orientierten Musiksendungen und -magazinen sowie jugendaffinen *Reality-Show*-Formaten. Die selbst ausgegebene Strategie des Senders, die Zuschauer „unterhalten, polarisieren, provozieren und begeistern" (vgl. *www.MTVnetworks.de*) zu wollen, scheint mit Formaten wie der Schönheits-OP-Sendung *I Want a Famous Face* oder der Trickfilmserie *Popetown*, die von einer breiten Öffentlichkeit kontrovers wahrgenommen und diskutiert wurden, aufzugehen.
- *VIVA* dagegen soll ein eher jüngeres und tendenziell weibliches Zielpublikum im Alter zwischen 10 und 29 Jahren ansprechen. Wiederum *Giglinger*: „*VIVA* steht unter der Überschrift: Pop and Fun. (…). Musikalisch laufen dort Hits und solche die es werden. Wir sind deutlich mehr national, deutlich mehr im *Mainstream*, deutlich weiblicher. Rein optisch ist *VIVA* einfach der buntere Kanal". Die gezeigte Musik ist noch deutlicher Chart- und *Mainstream*-orientiert als bei *MTV*. Gespielt wird im Prinzip alles, was in den Top 30-Singlecharts war/ ist oder Ambitionen hat, dort hinzugelangen (etwa in Sendungen wie den *Retro-Charts*, den *Top 100* oder den *Ringtonecharts*). Verstärkt finden sich Formate zu Prominenten und Mode sowie *Casting-Shows* (beispielsweise die amerikanische Show *America's Next Topmodel* oder das Mode- und *Celebrity*-Magazin *Style Star*) und Doku-Soaps (wie etwa *The Simple Life* mit Paris Hilton oder *Die Abschlussklasse*).

Zusammenfassend lässt sich sagen, dass sich das Musikfernsehen im neuen Jahrtausend sukzessive von seinen eigentlichen Wurzeln, der Popmusik, entfernt (hat). Insbesondere nach dem Aufkauf von *VIVA* kam es bei beiden Sendern zu einem beispiellosen Abbau von musiknahen Programmen und subkulturaffinen resp. ambitionierten Musik-Sendungen (etwa die *VIVA*-Hip-Hop-Show *Mixery Raw Deluxe* oder das Independent-Magazin *MTV-Spin* mit Markus Kavka). Musik verschwindet zwischen 13.30 Uhr und 23 Uhr fast vollständig aus dem Programm von *MTV*. „Alles, was man traditionell unter Musikfernsehen versteht, ist eigentlich erledigt", so ein früherer *VIVA*-Mitarbeiter in der FAZ (vgl. Niggemeier, 2004). Daneben beschränkte man die ohnehin klein gefahrenen Musikflächen auf den *Mainstream*-Bereich, so dass das Zielpublikum bei gleichzeitiger Kosteneinsparung vergrößert werden konnte (vgl. Kurp, 2004, 30). Die Sender sind deutlicher als früher an die Quoten in der Zielgruppe der 14-29-Jährigen gebunden. Ihr Spagat zwischen *Provokation* und *Mainstream* legt hiervon ein deutliches Zeugnis ab. Die Neupositionierungen der Sender – so ist die aktuelle Lage einzuschätzen – haben sich trotz allem gelohnt: *VIVA* steigerte seinen Erfolg nach Angaben des Senders vor allem mit Eigenproduktionen und günstigen Zukäufen aus den USA wie *Big in America II, Dance Star 2006* und einer zweiten Staffel des Karaoke-Formats *Shibuya*. Bei *MTV* waren es hingegen vor allem Cartoons wie *South Park, American Dad, Popetown* und *Drawn Together* sowie die eigenproduzierten Formate *Pimp my Ride*, *Love is Blind* und themenspezifische Musikshows, die Erfolg verbuchen konnten. In beiden Fällen ergab sich laut Sender eine Zuschauersteigerung von 29 Prozent.[116]

116 Vgl. *MTV*-Pressemitteilung vom 09.08.2006.

4. Rezeption

Mit dem Begriff *Rezeption* ist mit Blick auf Medien(-produkte) deren Zugänglichkeit/ Verbreitung ((technische) Reichweite), Nutzung (Häufigkeit, Dauer) und Bewertung (Präferenzen) sowie deren Verarbeitung (Perzeption, Kognition) und Aneignung (Einpassung in den Alltag), häufig aufgeschlüsselt nach soziodemographischen Merkmalen (Alter, Geschlecht, Bildung), angesprochen.[117] Geht es um die Rezeption von Musikfernsehen, steht häufig das jugendliche Klientel (repräsentiert durch die Alterklasse der 14-19-Jährigen) resp. die so genannten ‚jungen Erwachsenen' (repräsentiert durch die Alterklasse der 20-29-Jährigen), teilweise aber auch zusammengefasste Zielgruppen der Jugendlichen und jungen Erwachsenen (repräsentiert durch die Alterklasse der 14-29- resp. der 14-49-Jährigen[118]) im Fokus. Mit Blick auf das mediale Produkt der Rezeption ist zwischen Studien zu differenzieren, die sich mit Musikfernsehen im Allgemeinen befassen und solchen, die sich auf Musikvideos kaprizieren. Letztere konnten durchgehend nachweisen, dass – seit es Musikfernsehen gibt – Jugendliche ein besonders hohes Interesse an Musikvideos zeigen (vgl. Altrogge & Amann, 1991, 175f.; Behne, 1985, 100; zfs. Schmidbauer & Löhr, 1999). Erklärt wurde dieser Umstand in der Regel mit der enormen Bedeutung, die Pop- und Rockmusik für Jugendliche hat (vgl. Altrogge & Amann, 1991). Gezeigt werden konnte auch, dass die Rezeption von Musikvideos – im Gegensatz zur Rezeption anderer AV-Medien-Produkte (Film, TV-Serien etc.) – Besonderheiten aufweist, was vor allem auf deren spezifische Bauweise zurückgeführt wurde (s. hierzu Kap.1 sowie Neumann-Braun & Mikos, 2006, 88ff.; Schmidbauer & Löhr, 1996, 20ff. und 1999, 331ff.; Schorb, 1988 sowie insbesondere Altrogge, 2000c). Mit zunehmendem Bedeutungsverlust der Musik und insbesondere der Musikvideos im Programm der Musiksender resp. deren Entwicklung zu (Jugend-)Vollprogrammen (s. Kap. 3) sowie umgekehrt der Etablierung des Musikvideos als einer eigenständigen medialen Gattung treten die Betrachtung der Rezeption von Musikvideos einerseits und des Musikfernsehens andererseits zunehmend auseinander. Der Schwerpunkt des folgenden Überblicks liegt daher auf der *Rezeption des Vollprogramms der beiden im Free-TV empfangbaren Hauptmusikfernsehsender (MTV/ VIVA)*, wie sie sich in der *heutigen* Situation darstellt.

117 Zum (Medien-)Rezeptions- resp. Aneignungsbegriff s. Charlton & Schneider, 1997; Holly & Püschel, 1993; Neumann-Braun, 2005; Sutter & Charlton, 2001; Winter, 1995.

118 Die 14-49-Jährigen werden häufig *grosso modo* als die werberelevante Zielgruppe des Fernsehens geführt, da sie über eigenes Geld verfügen resp. einen eigenen Haushalt führen (im Gegensatz zu Kindern) und offener sind für Innovationen (im Gegensatz zu den ab 50-Jährigen).

Reichweiten- und Nutzungsdaten

Sendereigenen Angaben zufolge umfasst *MTV Networks* mehr als 120 lokal ausgerichtete und verwaltete TV-Sender[119], mehr als 100 Webseiten in über 25 Sprachen und erreicht insgesamt über 480 Millionen Haushalte in mehr als 170 Ländern.[120] Damit ist *MTV* heute das größte *TV-Network* der Welt. *VIVA* erreicht al regionaler Ableger *MTV*s immerhin 47,1 Millionen Haushalte in 15 Ländern. Di technische Reichweite[121] der beiden Sender liegt in Deutschland bei jeweils knapp 90 Prozent. Laut Pressemitteilungen (Basis: AGF/GfK-Fernsehpanel) des Sender erreichten die Marktanteile in der relevanten Zielgruppe (14-29-Jährige) im erste Halbjahr 2007 bei *VIVA* mit 2,4 Prozent und *MTV* mit 2,3 Prozent Spitzenwerte Kumuliert erreichen die beiden Hauptsender bei den 14-29-Jährigen fast 5 Prozent, bei den 14-49-Jährigen 2 Prozent Marktanteil.[122] Laut Allensbacher Werbeträgeranalyse (2007) erreichte *MTV* im ersten Quartal des Jahres 2007 in Deutschland gut 6 Millionen Zuschauer durchschnittlich pro Tag (6.00-1.00 Uhr), wa einem Anteil von etwas mehr als 9 Prozent entspricht. Im Jahr 2006 lag *MTV* be der jugendlichen Zielgruppe hinter Pro Sieben und RTL auf dem dritten Platz de beliebtesten TV-Programme, während *VIVA* auf Rang sechs rangierte (vgl. JIM 2006, 24).

Aneignungsformen

Obwohl Musikvideos lange nicht mehr den Hauptbestandteil des Programms de Musikfernsehsender bestreiten (s. Kap. 3), sind ihre Wurzeln nach wie vor spürbar: So wie das Programm insgesamt einer ‚Clip-Ästhetik' folgt[123], so folgen auch die Sehgewohnheiten spezifischen Mustern. Was Sun und Lull 1986 in ihrer einflussreichen Studie zeigen konnten, nämlich dass sich Nutzungsmotive und -formen des Musikfernsehens von jenen des herkömmlichen Musikhörens einerseit

119 Eine aktuelle Liste ist unter *http://en.wikipedia.org/wiki/List_of_MTV_diversification* zu finden.

120 S. *http://www.mtvnetworks.de/scripts/contentbrowser.php3?ACTION=showSub&SubID=28&plugin=*

121 Unter der technischen Reichweite ist das Empfangspotenzial eines Senders zu verstehen; sie gib an, wie viele Personen oder Haushalte einen Sender terrestrisch, über Kabel oder über Satelli empfangen können.

122 Quelle: *AGF/GfK, pc#tv, alle Ebenen, BRD gesamt, D+EU, 6.00 - 1.00, Erw. 14-29 Jahre* resp *14-49 Jahre*. S. auch *http://www.viacombrandsolutions.de/de/research/gfk/gfk.html*, wo der Sender aktuelle Nutzungsdaten der *GfK* veröffentlicht.

123 Teilweise wurde die Rezeption von Musikfernsehen, jedoch insbesondere des Musikvideos aufgrund seiner eigentümlichen Ästhetik mit Traumerfahrungen verglichen (vgl. Harvey, 1990 Kinder, 1984).

resp. des Fernsehschauens andererseits grundlegend unterscheiden, konnte in späteren Studien immer wieder nachgewiesen werden. Die Studien von Altrogge und Amann (1991), Barth und Neumann-Braun (1996), Paugh (1988) sowie Roe und Cammaer (1993) weisen dem Sender die Funktion eines Hintergrund- resp. Nebenbei-Mediums zu; Musikfernsehen erscheint als eine Art „visuelles Radio" (Bechdolf, 1996). Ähnliches konnten Grüninger und Lindemann (1995) für den Musikanal *VIVA* nachweisen: 76 Prozent der 172 befragten Gymnasialschüler gaben an, *VIVA* als Quelle für Informationen und Anregungen hinsichtlich Musik und Lifestyle in Form eines *„Nebenbei-Mediums"* zu nutzen. Insbesondere die breit angelegte Studie (Telefonbefragung von 533 Jugendlichen in NRW) von Frielingsdorf und Haas (1995) vermochte aufzuzeigen, dass die Nutzung von Musikfernsehen sich zwischen Musik-/Radio- und TV-Konsum bewegt.
Die oberflächliche Nutzung als Begleitmedium steht einer hohen Bedeutung für soziokulturelle Belange gegenüber. Vor allem aber in qualitativ angelegten Studien (vgl. Bilandzic & Trapp, 2000; Quandt, 1997; Reetze, 1989; Fincke, 1999) lässt sich die *enorme Vielfalt und Variation von Nutzungsmotiven und Rezeptionsformen abschätzen*: So bedeutet ein hohes Interesse für Popmusik resp. ein erhöhter Musikkonsum nicht notwendigerweise auch einen erhöhten Konsum von Musikfernsehen; die Nutzung von cliplastigen Sendungen kann sowohl nebenbei als auch konzentriert erfolgen; häufig wechseln sich diese Phasen je nach Auffälligkeitsgrad des Materials ab: *„It (music television) is (...) also the one that permits you not to watch, but to listen continously until, to put it paradoxically, you hear what you want to watch*" (vgl. Goodwin, 1992, 140); ebenso kann der Schwerpunkt auf die Musik, auf die Bilder oder auf beides gelegt werden. Entsprechend variieren Motive der Nutzung von reinem Zeitvertreib, Berieselung und Stimmungsmanagement über soziale Zwecke (popmusik- und lifestylespezifische Information (etwa über Mode, *Celebrities*, Kinofilme etc.) sowie Programminhalte als kommunikative Ressource in der Peergruppe im Sinne (sub-)kulturellen Kapitals) bis hin zu konkretem Interesse an der Musik und deren Interpreten. Letztlich geht es (auch) darum, an einer durch die Musiksender repräsentierten (internationalen) Jugendkultur bzw. an einem spezifischen (jugendlichen, subkulturellen, unkonventionellen etc.) Lebensstil (vgl. Mikos, 1992 und 1993) zu partizipieren. Mit Blick auf die konkrete Nutzung heißt das, sich einen Überblick über deren kulturelles Angebot zu verschaffen, was durch ein *„Hopping"* zwischen den Musikprogrammen als einer jugendspezifischen (Musik-)Fernsehnutzungsweise erreicht wird (vgl. Bilandzic & Trapp, 2000).

Die Musiksender resp. deren Art und Weise, Fernsehprogramm zu präsentieren – das zeigte die Musikfernsehforschung der vergangenen Jahre deutlich – weist auf ein insgesamt sich in der Veränderung begriffenes Medienrezeptionsverhalten hin: Der enorme Zuwachs an und die Omnipräsenz von Medien(-inhalten) hat zur

Folge, dass Medien häufig *parallel* zur Verfügung stehen und auch parallel genutzt werden, was es erforderlich macht, ihnen (nur noch) geteilte Aufmerksamkeit entgegen zu bringen (vgl. Kurp, Hauschild & Wiese, 2002, 41). Insofern lässt sich das ‚Nebenbei-Rezipieren' resp. das ‚*Channel-Hopping*' heute als *ein* (bedeutsames) Muster der Medienrezeption und damit auch als ein (erforderlicher) Aspekt von Medienkompetenz verstehen.

Verstärkt werden solche Tendenzen durch sender- bzw. angebotsseitige Anpassungsbemühungen an einen ständig wachsenden und sich ausdifferenzierenden (Zunahme unterschiedlicher Medienproduzenten und -inhalte, Distributionswege und Empfangsgeräte/ Endgeräte[124]) aber auch konvergierenden[125] Medienmarkt. Heutige Jugendliche sind technisch deutlich besser ausgerüstet als zu früheren Zeiten: So haben sie neben der Möglichkeit, Radio zu hören resp. fernzusehen zusätzlich die Option, Medieninhalte über PC/ Internet, Handy resp. mobile Speichermedien (etwa MP3-Player) zu konsumieren.[126] Für die Musiksender heißt das, dass ein kontinuierlicher Bedeutungsverlust ihres angestammten Medienterrains, des Fernsehens, sowie eine Verschiebung der Medienvorlieben weg vom TV hin zu PC/ Internet und Handy statt findet (vgl. JIM, 2006, 12; Kurp, Hauschild & Wiese, 2002, 41). Mehr noch: Obwohl das für den Medienkonsum aufgewendete Zeitbudget, insbesondere im Bereich PC-Nutzung und Internet, weiter ansteigt, ist die Fernsehnutzung während der letzen fünf Jahre rückläufig und wird weiter sinken (vgl. Gerhards & Klingler, 2006, 78). Die Musiksender reagier(t)en darauf mit Versuchen, ihre Reichweite, ihre Angebote sowie ihre Verfügbarkeit durch Engagements in den Bereichen digitales Fernsehen, Online und Mobilfunk zu steigern resp. zu vergrößern (s. Kap. 2.3). Einhergehend damit wird es für die Musiksender ganz entscheidend sein, inwiefern es ihnen zukünftig gelingt, weiterhin sowohl

124 So ist etwa die Anzahl an Computern, digitalen Kameras und MP3-Playern während der letzten fünf Jahre kontinuierlich gestiegen (vgl. Gerhards & Klingler, 2006, 77).

125 Hingewiesen ist hiermit auf eine sukzessive *Verschmelzung der Bereiche Telekommunikation, klassische Massenmedien und Informationstechnologien,* was es zunehmend problematisch macht, einzelne Kommunikations- und Medienbereiche voneinander zu trennen (vgl. Hasebrink, Mikos & Prommer, 2004). Nach Schröfel (2006) vollzieht sich die Annäherung dabei zugleich auf den Ebenen der Medieninhalte (etwa Filme, Informationen etc.), der Geräte (TV, PC, Handy etc.), der Dienste (Rundfunk, Telekommunikation, etc.) sowie der Netze (Kabel, Mobilfunk, Glasfaser etc.). Insbesondere im Fall der Endgeräte ist eine Tendenz in Richtung Multifunktionsgeräte zu verzeichnen (vgl. Kilian, 2007).

126 Während 1995 lediglich 34,5 Prozent der befragten Jugendlichen einen PC ihr Eigen nennen konnten (vgl. Frielingsdorf & Haas, 1995, 332), sind dies elf Jahre später bereits 60 Prozent (vgl. JIM, 2006, 10). Das mit 92 Prozent inzwischen am weitesten verbreitete Gerät im Besitz von Jugendlichen, das Mobiltelefon, wurde bei Frielingsdorf und Haas (1995) Mitte der 1990er Jahre noch gar nicht erfasst. Ebenso wenig der MP3-Player, den heute fast 80 Prozent der Jugendlichen ihr Eigen nennen können.

cross-medial zu agieren (unterschiedliche Repräsentanzen eines Produkts, etwa eine TV-Serie mit Website und *Fanzine*) als auch ihre mediale Präsenz im Hinblick auf Medienkonvergenzen (das hieße gleichen/ ähnlichen *Content* über verschiedene Distributionswege anzubieten (etwa via TV, via Internet, via Handy etc.)) auszubauen (s. hierzu auch Kap. 2.3).

5. Globale Marke – lokale Inhalte? Die Musiksender MTV und VIVA im deutschsprachigen Raum

Der Viacom-Sender MTV hatte besonders im deutschsprachigen Raum (Deutschland, Österreich und Schweiz) einen langwierigen Kampf gegen Medienanstalten, Kabelnetzbetreiber und die Deutsche Post auszufechten, bevor er schließlich eine Freischaltung erhielt. Gründe hierfür waren insbesondere Ängste der marktdominierenden deutschen Musikindustrie, dass es durch MTV Europe zu einer weiteren *Amerikanisierung der lokalen Musikszene* kommen würde[127]. Erst als es der damaligen Kommunikationschefin von MTV, *Christine Gorham,* gelang, den Gründer des Musikmagazins Metal Hammer *Wilfried F. Rimensberger* als Networkdevelopment-Berater unter Vertrag zu nehmen, erreichte der Musiksender sein Ziel, im deutschsprachigen Raum auf Sendung gehen zu können. Seit August 1987 ist MTV in Deutschland zu empfangen, unter dem Namen MTV Europe zunächst jedoch nur in englischer Sprache. Rimensbergers Strategie, vermehrt lokale Künstler wie Peter Maffay und Udo Lindenberg auf MTV zu präsentieren, erwies sich damit letztlich als Erfolg. Dennoch verfolgte *Mark Booth*, damaliger Chef von MTV Europe, nach wie vor eine sehr anglophile Programmpolitik. Erst als der Australier *Brent Hanson* bei MTV Europe die Führung übernahm, kam es bei dem Musiksender zu einer strategischen Neuausrichtung. Fortan wurde vermehrt auf lokale Standorte in Europa gesetzt, unter anderem auch in Deutschland, was jedoch die Kosten für den Sender in die Höhe trieb. Der Versuch, über eine Verschlüsselung neue Einnahmen zu generieren, scheiterte, nicht zuletzt weil zeitgleich ein neuer, deutschsprachiger Sender namens VIVA in Deutschland seinen Betrieb aufnahm. Umgekehrt erleichterte die Verschlüsselung und damit die Kostenpflichtigkeit des Konkurrenzsenders MTV VIVA den Markteintritt. Der Erfolg VIVAs und die eigenen Umsatzeinbußen zwangen MTV zurück ins Free-TV und leiteten eine Phase der Regionalisierung des *Global Players* (s.a. Kapitel 2.1.1: *MTV Europe* und *MTV Central*) ein. Nach einer Testphase 1993 (MTV sendete zwei Tage lang ein deutschsprachiges Programm) sollte es noch vier Jahre dauern (dies hing mit der zur gleichen Zeit eingeführten neuen digitalen Sendetechnik zusammen), bis mit MTV Central 1997 ein eigenständiger deutschsprachiger Ableger auf Sendung ging, der von nun an Deutschland, Österreich und die Schweiz mit einem regionalen MTV-Programm versorgte.

127 Quelle: www.economy-point.org

MTV sollte es gelingen, diese Startschwierigkeiten wett zu machen und langfristig mit dem Konkurrenten VIVA auf dem deutschsprachigen Fernsehmarkt gleichzuziehen. VIVA versuchte zwar ab dem Jahr 2000 mit regionalen Tochtersendern wie VIVA Swizz und VIVA Austria auf europäischer Ebene zu expandieren, konnte sich aber langfristig nicht gegen den global weit überlegenen Gegenspieler MTV behaupten. Im Jahr 2005 wurde VIVA schließlich von Viacom, dem MTV-Mutterkonzern, zu weiten Teilen übernommen. Inzwischen sind die Musiksender MTV und VIVA unter dem Titel MTV Networks Germany für Deutschland, Österreich und die Schweiz zusammengefasst und erreichen so ca. 40 Millionen deutschsprachige Haushalte (s. Kapitel 2.1.1).[128] Im Folgenden soll darauf eingegangen werden, welche Entwicklung die beiden Sender im *deutschsprachigen Ausland* erfahren haben und inwiefern sie eigene Wege gegangen sind oder sich im Wesentlichen am deutschen Kernsender orientiert haben.

5.1 Musikfernsehen in Österreich

Der Musikkanal MTV hatte lange Zeit für Österreich keine speziell produzierten Programminhalte. Unter dem Namen MTV Central war dasselbe Programm wie in Deutschland zu empfangen. MTV Central fungierte als deutschsprachige Konkurrenz zum zunehmend erfolgreichen Musiksender VIVA[129], ohne jedoch zwischen den deutschsprachigen Kulturen zu differenzieren. Anders dagegen VIVA. Ab dem 01.01.2001 ging nach *VIVA Polska* mit *VIVA Austria* ein eigener österreichischer Ableger auf Sendung. Doch trotz Akzeptanz bei den Zuschauern[130] (u.a. wurde eine eigene Österreich-Edition des Musik-Samplers *VIVA Hits Vol. 20* herausgebracht) musste der Sender seinen Betrieb zum 31.12.2003 bereits wieder einstellen, da keine Einigung mit dem Kabelbetreiber *Telekabel Wien* erzielt werden konnte, was dazu führte, dass dem Sender trotz Zuschauerzuspruch der Weg ins österreichische Kabelnetz verwehrt wurde.[131] Seitdem ist in Österreich wieder ausschließlich das deutsche VIVA-Original über Kabel und Satellit zu empfangen. Insgesamt erreicht VIVA heute in Deutschland und Österreich ca. 37 Millionen Haushalte.

Mit Blick auf die aktuelle Situation (2008) ist zu konstatieren, dass in der Viacom-Sender-Familie kein eigenes Vollprogramm für Österreich existiert. Vielmehr

128 Quelle: http://www.mtvnetworks.de/scripts/contentbrowser.php3?MenuId=home. S.a. auch oben: „Heute: MTVIVA“.

129 Quelle: http://www.viacom.de/scripts/contentbrowser.php3?ACTION=showSub&SubID=23&plugin=

130 Quelle: http://www.sevenonemedia.at/content/bereich/pressearchiv_2003.html

131 Quelle: http://www.sevenonemedia.at/content/beitrag/presse_2003_12_24.html

entspricht – wie *Viacom Brand Solutions*-Geschäftsführer *Alexander Duphorn* betont – „MTV (…) in Österreich Eins zu Eins dem in Deutschland ausgestrahlten Sendesignal, ergänzt um ein auf den österreichischen Markt zugeschnittenes Werbefenster.“

Die redaktionellen Programminhalte sind somit weitestgehend identisch, angepasst werden lediglich die Werbeblöcke, um zumindest durch die Werbung möglichst gezielt das österreichische Publikum ansprechen zu können. Seit 2003 stehen dem Sender werktags 19 und am Wochenende 20 lokal orientierte *Werbeblöcke* zur Verfügung.[132] Zu Beginn des Jahres 2006 zogen zwei weitere Kanäle der Senderfamilie, *VIVA* und *NICK*, mit einem eigenen Werbefenster in Österreich nach. Die Vermarktung für alle Viacom-Sender übernahm die Firma *Goldbach-Media* aus Wien, da MTV und VIVA in Österreich nicht selbst vertreten sind.[133] Darüber hinaus existiert inzwischen ein eigenes Videotextangebot für Österreich und die Schweiz (vgl. Abbildung 4). Dieses soll länderspezifisch trendorientierte Zuschauer im Alter von 14 bis 29 Jahren ansprechen, denn „MTV TEXT Schweiz/Österreich steht für Musikkompetenz, Trends und Lifestyle“, so die Medienagentur.[134] Darüber hinaus kann so ein länderspezifisches Angebot auch ohne eigene TV-Kanäle aufrechterhalten werden.

Abbildung 4: Videotext für Österreich und die Schweiz[135]

Nachdem sich länderspezifische *Werbefenster und Videotext* erfolgreich etablierten, erweiterte MTV im September 2004 sein Engagement mit einem eigens für Österreich entwickelten *TV-Format*: Das 15-minütige Magazin *MTV Austria Six-*

132 Quelle: http:// www.pressetext.at./pte.mc?pte=040805042

133 Quelle: http://forum.tvmatrix.net/viewtopic.php?t=16138

134 Quelle: http://www.sevenonemedia.ch/teletext/mtvtext/print_index_ch.php

135 Quelle: http:// www.sevenonemedia.ch/teletext/mtvtext/print_index_ch.php

pack wird alle zwei bis vier Wochen produziert und präsentiert das so genannte „Themen-Sixpack“ des Monats aus den Bereichen Musik, Events, Lifestyle, Film und Sport.[136] Inzwischen läuft das Österreich-Fenster mit eigenem Werbeblock und spezifischen Sendeformaten unter dem Namen *MTV Austria*. *Viacom Brand Solutions*-Geschäftsführer *Alexander Duphorn* beschreibt das Projekt wie folgt: „Bei MTV Österreich legen wir den Schwerpunkt auf gemeinsam mit Kooperationspartnern entwickelte Formate. Ein Beispiel dafür ist das MTV Sixpack. Sechs Moderatoren, die sich mit ganz verschiedenen Themen befassen – sei es Nightlife, neue Trends und Technologien, Musik oder Fashion – suchen nach spannenden neuen Storys, die jeweils pro Folge aufgegriffen und vertieft werden. Bei diesem Themenspektrum liegt der Fokus natürlich explizit auf Österreich.“

Die jeweilige Sendung wird mehrmals (ca. zwei Mal pro Woche) wiederholt.

Trotz des Erfolgs von *MTV Austria Sixpack* blieb das länderspezifische Engagement der Viacom-Senderfamilie schmal: Von 2006 bis Oktober 2007 wurde das Chartmagazin *music'n'more* (das ebenfalls im Österreichfenster von RTL II zu sehen war) zeitversetzt auf VIVA Austria und MTV Austria ausgestrahlt. *Alexander Duphorn* hierzu: „Es gab bis Ende 2007 ein exklusives Chart-Format in Zusammenarbeit mit RTL II und der Kronenzeitung, welches eine klare Ausrichtung an österreichischen Inhalten hatte. Zur Zeit ist es eingestellt. Es ist aber nicht ausgeschlossen, dass wir hier wieder aktiv werden.“

Das einstündige Musikmagazin wurde abwechselnd von den beiden Moderatorinnen *Doris Golpashin* und *Yasmin Blair* moderiert und zeigte sowohl österreichische als auch internationale Chartinformationen mit zusätzlichen Interviews und Hintergrundberichten.[137] Am 12. Oktober 2007 kam das Format *Game-Base Weekly* hinzu, welches sich den Themen PC, Konsolen und Handhelds widmet und vor allem junge, technik- und spielbegeisterte Zuschauer anspricht.[138] In Planung (voraussichtlicher Sendestart: Oktober 2008) ist das Eventformat *MTV Music & Style*, das trendbewusste Leitmilieus erreichen soll.[139]

Mit Blick auf die *technische Reichweite* ist festzuhalten, dass die länderspezifischen Ableger der regulären deutschsprachigen Viacom-Sender im Zuge des Programmausbaus zunehmend eigenständige Verbreitung erfahren. Empfangbar sind die österreichischen Spartenkanäle *MTV Austria* (vgl. Abbildung 5) und seit 1. Juni 2006 in einer Neuauflage *VIVA Austria*.[140] Obwohl sich das Programm zum

---

136 Quelle: http://www.pressetext.at/pte.mc?pte=050912036

137 Quelle: http://www.goldbachmedia.at/Portals/_goldbachmedia/presse%20und%20events/pressemitteilungen/Medienmitteilung_MTV_SatellitAstrafrei_B2B_2006-10-05.pdf

138 Quelle: http://tst.goldbachmedia.at/Portals/_goldbachmedia/presse%20und%20events/pressemitteilungen/Medienmitteilung_MTV_GAME-BASE%20WEEKLY_B2B_2007-10-08.pdf

139 Quelle: http://www.goldbach-media.at

140 Quelle: http:// http://www.digitalfernsehen.de/news/news_88673.html

größten Teil deckt, ermöglichen sie aufgrund der symbolischen Trennung (Name, Logo etc.) dennoch eine verbesserte Zielgruppenansprache. Waren bis zum Jahr 2006 die österreichischen Ableger zunächst nur über den schwächeren Satelliten *Eutelsat Hotbird* zu empfangen, erreichen sie seit dem Wechsel zum Digital-Satellit *Astra* im Oktober 2006 nun bereits jeden zweiten Haushalt in Österreich und konnten damit ihre Präsenz noch einmal deutlich steigern. Insbesondere auch dadurch, dass sie im Gegensatz zu anderen zusätzlichen digitalen Viacom-Produkten (MTVMusic etc.) nach wie vor unverschlüsselt, d.h. kostenlos empfangbar sind. Die Erhöhung der technischen Reichweite bedeutet darüber hinaus eine deutliche Attraktivitätssteigerung für lokale Werbekunden.

Abbildung 5: Logo von MTV Austria[141]

MTV Austria ist ganztägig zu empfangen. *VIVA Austria* und *NICK Österreich* teilen sich noch nach wie vor eine Frequenz. Bisher war von 6.00 bis 20.15 Uhr ausschließlich der Kindersender zu empfangen und nur während der verbleibenden Zeit das Musikprogramm von VIVA.[142] Seit Juli 2007 ist VIVA Austria bereits ab 19 Uhr zu sehen.[143]

Der „Muttersender" *MTV Central* dominiert auf dem österreichischen Markt aber nach wie vor den österreichischen Ableger *MTV Austria*, welcher im Tagesverlauf nur auf etwa die Hälfte der Zuschauer kommt. Etwas anders verhält es sich bei VIVA: Hier kann der nationale Ableger im Laufe des Abends aufschließen. Insgesamt betrachtet liegt aber MTV in Österreich, insbesondere in den Abendstunden, deutlich vor VIVA, was die Zuschauergunst betrifft (vgl. Abbildung 6).

141 Quelle: http://www.pressetext.at/pte.mc?pte=061005038

142 Quelle: http://www.digisat.de/aktuelles/dateien/programmliste.pdf

143 Quelle: http://www.goldbach-media.at

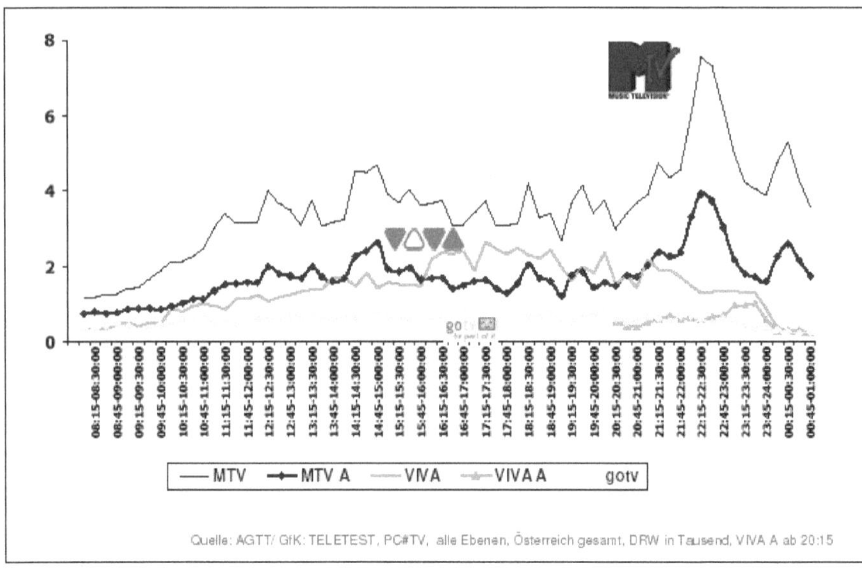

Abbildung 6: Musiksender im Tagesverlauf, DRW in Tsd, E 12-29 Jahre, 1. Jahreshälfte 2007[144]

Was die Zuschauerstruktur angeht zeigt sich, dass bei *VIVA Austria* der weibliche Zuschaueranteil leicht überwiegt, während bei *MTV Austria* das männliche Publikum mit ca. 60 Prozent deutlich dominiert. Der größere Unterschied wird jedoch bei der Altersstruktur ersichtlich. Hier zeigt sich augenfällig, dass sich die Ausrichtung auf ein jüngeres Publikum durchgesetzt hat. Besonders die Altersgruppe der bis Elfjährigen dominiert bei *VIVA Austria* eindeutig. Anders bei MTV Austria: Hier sind vor allem Teenager von 12 bis 19 Jahren und junge Erwachsene im Alter zwischen 20 und 29 Jahren vor den Bildschirmen zu finden. Jenseits der 30 Jahre sind die Unterschiede in der Altersstruktur bei den Zuschauern der beiden Sender jedoch wieder vergleichsweise gering (vgl. Abbildung 7).

144 Quelle: http://goldbachmedia.at/site/1482/default.aspx

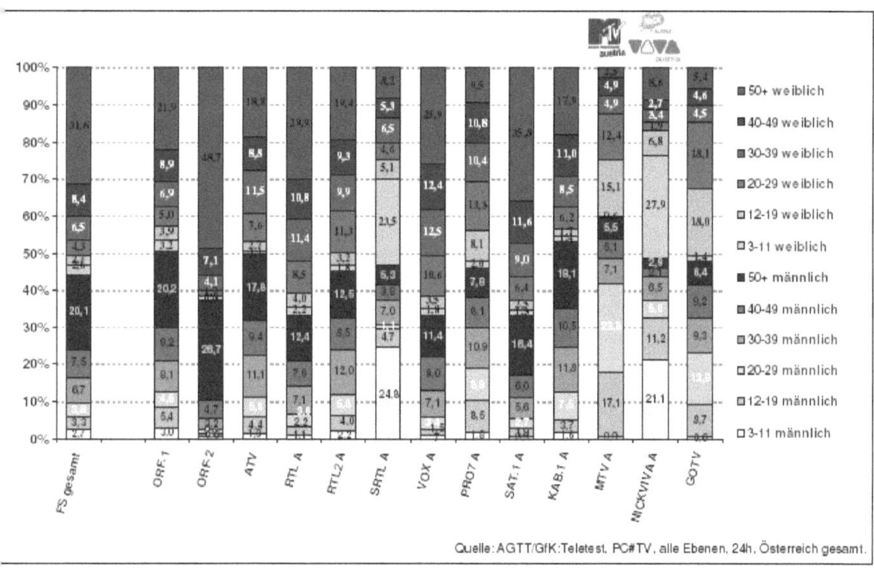

Abbildung 7: Zuschauerstruktur der TV-Sender, 1. Halbjahr 2007[145]

Insgesamt betrachtet zeigt sich, dass die nach der Übernahme von VIVA durch MTV beschlossene Ausdifferenzierung und Spezialisierung der Sender (s.a. „Heute: MTVIVA“) sich ebenso bei den deutschsprachigen Ablegern der Sender für Österreich wieder findet. *VIVA Austria* bedient mit „Pop und Fun“ das tendenziell weibliche und eher jüngere Publikum, während bei *MTV Austria* eher trendbewusste männliche Teenager und junge Erwachsene vor dem Bildschirm zu finden sind.

Zusammenfassend lässt sich sagen, dass die Anteile österreichspezifischer Sendungen zwar zunehmen, aber immer noch relativ wenig Sendezeit einnehmen. Die technische Reichweite der Ableger dagegen ist bemerkenswert: Obwohl die regionalen Fenster noch nicht die Verbreitung der MTV-Kernsender erreichen, steigern sie sich zusehends im Zuge eines voranschreitenden Ausbaus der digitalen Empfangstechnik. Bereits jetzt kann *MTV Austria* von ca. 1,52 Millionen Haushalten in Österreich empfangen werden. *VIVA Austria* liegt mit ca. 1,42 Millionen Haushalten nur knapp dahinter, im Ballungsraum Wien mit allein 550.000 Haushalten sogar vor *MTV Austria* (vgl. Abbildungen 8a/b).

145 Quelle: http://goldbachmedia.at/site/1482/default.aspx.

Dies liegt natürlich im Interesse der Sender, denn nur so lassen sich die lokale Werbekunden halten wie *Alexander Duphorn* im Interview bekannte:

„Beide Kanäle sind in Österreich auch über das deutsche Astra-Signal zu emp fangen. Effektiver für uns ist es natürlich wenn die Zuschauer das österreichisch Signal sehen, denn nur so können wir das Publikum wirklich erreichen. Das ha einen Nutzen nicht nur für uns und die Werbekunden, sondern auch für die Zu schauer. Was nützt es einem MTV- oder VIVA-Seher in Österreich, wenn er übe Produkte informiert wird, die in seiner Region überhaupt nicht am Markt sind" Darüber hinaus schaffen wir mit vielen Werbepartnern Mehrwerte wie Gewinn spiel-Trailer oder Veranstaltungshinweise, für die österreichische Zuschauer.“

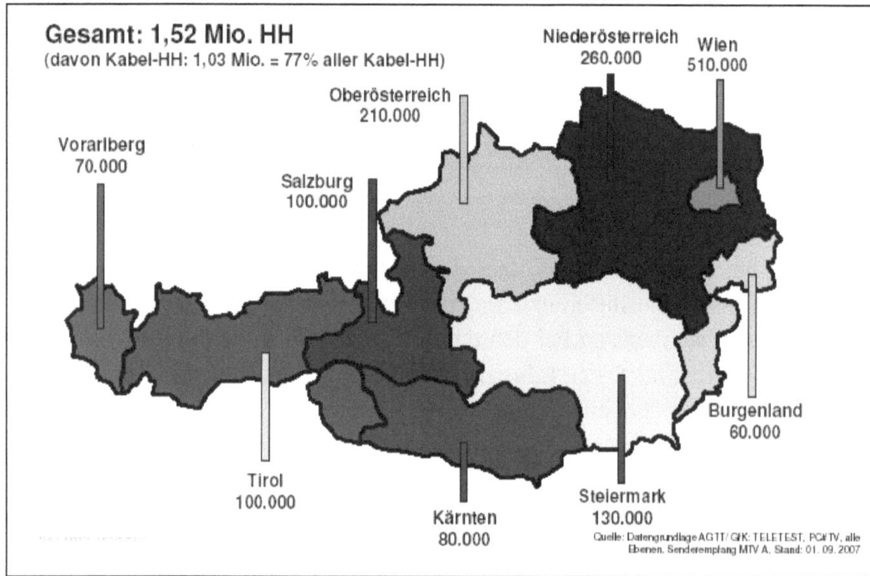

Abbildung 8a: Technische Reichweite von MTV Austria[146]

146 Quelle: http://goldbachmedia.at/site/1482/default.aspx

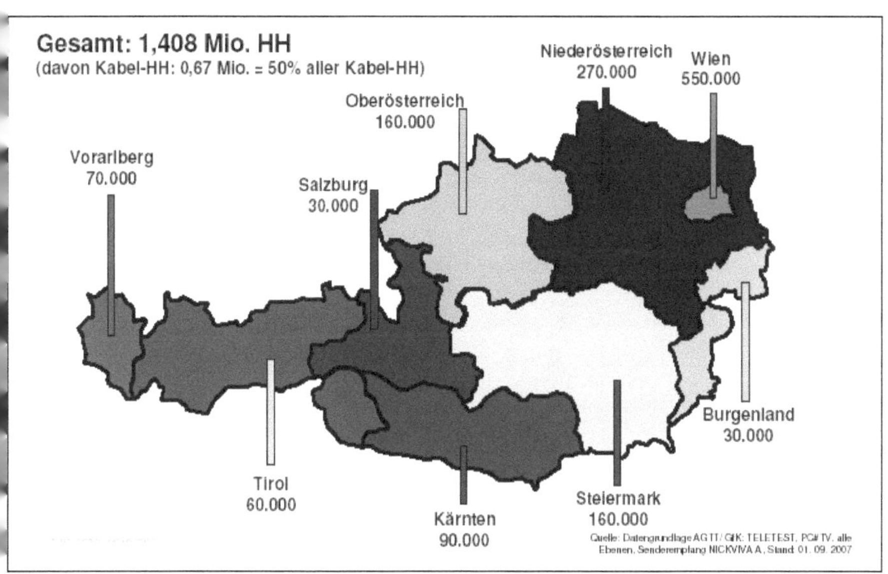

Abbildung 8b: Technische Reichweite von NICK/VIVA Austria[147]

Um vor Ort in Österreich über das Fernsehprogramm hinaus Präsenz zu zeigen, betreiben die beiden Viacom-Sender bei verschiedenen Aktionen immer wieder *Promotion in eigener Sache*. So waren beide 2007 beim Donauinselfest in der Metropole Wien mit einer eigenen Bühne vertreten. Während bei MTV neben House-DJs aus Österreich auch Genregrößen wie *Paul van Dyk* auflegten, waren auf der VIVA-Bühne Stars wie *Gigi D'Agostino* und *Groove Coverage* anzutreffen. Überdies gab es auf der VIVA-Insel die Möglichkeit zur Teilnahme an Gewinnspielen, einem Sing-Star-Contest sowie Sportdarbietungen.[148] Als weitere Marketingmaßnahme kooperierten die Sender mit der Kosmetikmarke *AXE* beim diesjährigen AXE EXAM 2007, einem Flirtcontest, bei dem junge Österreicher ihre Fertigkeiten in verschiedenen Disziplinen wie „Liebeselixier brauen" oder „Freifach Tanzen" vor einer Jury unter Beweis stellen konnten. Übertragen wurde das Event sowohl von *VIVA* als auch von *MTV Austria* im Rahmen einer *Sixpack*-Sondersendung.

Im *Online-Bereich* existieren so gut wie keine speziellen Angebote für den österreichischen Markt. Gibt man auf der MTV-Homepage die österreichische Länderkennung www.mtv.at in der Adressleiste ein, erfolgt eine direkte Weiterleitung auf die deutsche Seite des Senders. Nur die offiziellen österreichischen Single-

147 Quelle: http://www.goldbachmedia.at/site/1482/default.aspx
148 Quelle: http://www.goldbachmedia.at/site/1563/default.aspx

Charts (vgl. Abbildung 9) und die Jahrescharts der Jahrgänge 2002, 2003 und 2006 können aktuell auf der Seite von mtv.de aufgerufen werden.[149]

Abbildung 9: Charts aus Österreich auf der mtv.de-Seite[150]

Die Situation des Musikfernsehens in Österreich fasst *Alexander Duphorn* wie folgt zusammen: „Durch die große kulturelle Nähe unterscheiden sich die Programme unserer deutschen und österreichischen Musiksender nur in Nuancen. Wenn wir hier ein größeres Interesse seitens der österreichischen Zuschauer oder des Werbemarkts feststellen, ist es aber durchaus denkbar, diese Abstufungen sichtbarer zu machen."

5.2 Musikfernsehen in der Schweiz

Die Entwicklung von MTV Schweiz weist große Ähnlichkeiten zu der von *MTV Austria* auf. Musikfernsehen in deutscher Sprache ist dort, ebenso wie in Deutschland und Österreich, seit 1997 zu empfangen. Allerdings führten die Marketingstrategen von MTV nicht erst im Jahr 2003, wie in Österreich, sondern bereits drei Jahre zuvor ein *eigenes Schweizer Werbefenster* ein, um durch die regionale Betonung die dortigen Zielgruppen systematischer ansprechen zu können.[151] Lange Zeit teilten sich die beiden Ableger sogar einen gemeinsamen Kanal, bis Mitte des Jahres 2006 ein Wechsel zum Satelliten *Hotbird* vollzogen wurde und seitdem beide Sender einen eigenen Digitalkanal haben. *MTV Austria* ist inzwischen je-

149 Quelle: http://mtv.de/hitlistaustria/jahrescharts06.php
150 Quelle: http://mtv.de/hitlistaustria/index.php
151 Quelle: http://www.forum.dvd-forum.at

doch zum leistungsstärkeren Satelliten *Astra* gewechselt (s.o.). Weitere Gemeinsamkeiten sind der oben angesprochene gemeinsame Videotext sowie die aktuellen lokalen Charts bzw. die Jahrescharts von 2002 und 2006 als *einziges schweizspezifisches Element* auf der MTV-Homepage im *Onlinebereich*. Dies wird sich laut *Alexander Duphorn* aber eventuell je nach Kostenlage in Zukunft ändern: „Wir prüfen auch für die Schweiz ob ein größeres Engagement mit lokalen Inhalten bei MTV sinnvoll ist. Das ist aber immer eine Frage des Bedarfs, der Organisation und der Vermarktung. Mit VIVA Schweiz haben wir dort außerdem einen Kanal, der einen klaren Schwerpunkt mit Schweizer Musik setzt.“

Mit der aus Bern stammenden *Catherine Mühlemann* ist zwar seit 2001 eine Schweizerin Chefin von MTV Central[152], allerdings gibt es bisher trotzdem kaum eigenständige Schweizer Programminhalte, von den Werbeblöcken einmal abgesehen. Das Programm ist nahezu identisch mit dem von *MTV Central*. Es gab und gibt zwar immer wieder Versuche und Pilotprojekte mit einzelnen Sendungen speziell für das Schweizer Publikum, diese wurden jedoch bisher kaum ausgebaut. Im Sommer 2004 etwa wurde eine Staffel der MTV Erfolgsproduktion *Dismissed* mit 24 Teilnehmern aus der Schweiz gedreht und im Fernsehen auf schweizerdeutsch gesendet.[153] Ähnlich verhält es sich mit der beliebten Tuning-Sendung *Pimp my Ride*: Im Oktober 2007 gab es zum ersten Mal eine 20-minütige Ausgabe, die in einer Schweizer Garage in Arbon produziert und von der Schweizerin *Katharina Kuhlmann* moderiert wurde.[154] Ein kurzer Trailer ist im Internet (http://www.halsundbeinbruch.ch/de/latest_news.php) zu sehen. Diese Engagements haben jedoch bisher den Status von Ausnahmen.

Das einzige *genuine Schweizer Sendeformat* startete im April 2007 die Internet-Ausgehseite *Tilllate*. Dabei handelt es sich um ein 10-minütiges Magazin, das unter dem Namen *Tilllate-Nightlife-TV* jeden Samstagabend als eine Art Veranstaltungsmagazin über angesagte Partys und Konzerte berichtet und zusätzlich Hintergrundinformationen und Interviews mit DJs und Veranstaltern zeigt.[155]

Anders verhält es sich im Fall von VIVA. Wie *Viacom Brand Solutions*-Geschäftsführer *Alexander Duphorn* anmerkt, geht der Konzern hier einen Sonderweg: „VIVA Schweiz ist ein eigenständiger Sender, der selbst Programminhalte für das Schweizer Publikum entwickelt und sendet, aber natürlich auch an den Inhalten des gesamten Networks partizipiert. Das Programm besteht sowohl aus Schweizer Musik, Talks und Chart-Shows als auch aus Formaten, die aus dem

---

152 Quelle: http://www.mtvnetworks.de/scripts/contentbrowser.php3?ACTION=showSub&SubID=20&plugin–

153 Quelle: http://www.kleinreport.ch/print_meld.phtml?id=20807

154 Quelle: http://www.toponline.ch/radiotop.shtmlhotline/area-1.rub-36.art-73022.tce

155 Quelle: http://www.kleinreport.ch/meld.phtml?id=40202

Netzwerk aufgegriffen und für die Schweiz adaptiert werden. Natürlich gibt es auch Programmüberschneidungen mit VIVA Deutschland. Letztlich aber ist es den Schweizer Programmmachern überlassen, zu entscheiden, wie sie ihre Zielgruppe am besten erreichen."

Bereits 1999 wurde in der Schweiz von *Pierre Rothschild* und *Suzanne Speich* ein lokaler Musiksender für die Schweiz gegründet, der unter dem Namen *Swizz Music Television (SWIZZ)* große Erfolge erzielte. Im Jahr 2000 stieg das damals noch unabhängige Unternehmen VIVA mit ersten Anteilen bei den Schweizern ein und der Sender wurde in *VIVA Swizz* umbenannt.[156] Wie erfolgreich sich das Programm am Schweizer Markt etablieren konnte, geht aus Abbildung 10 hervor.

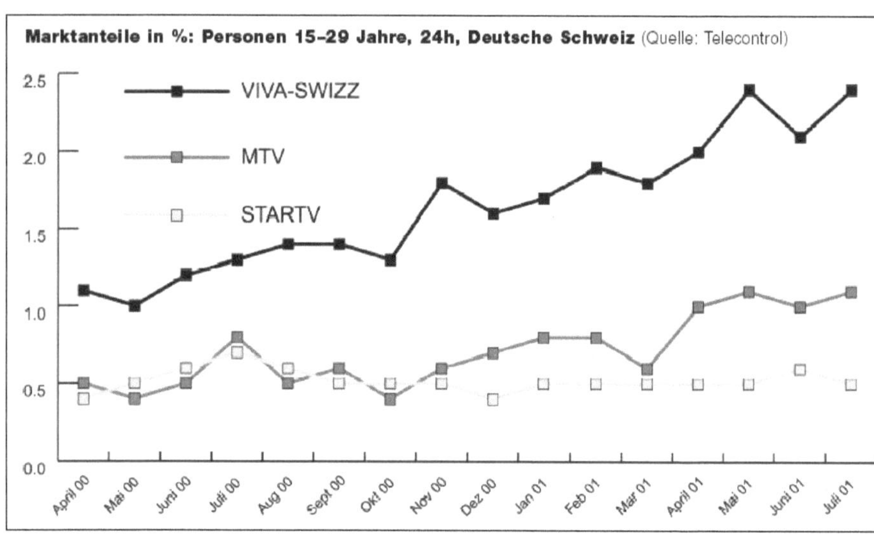

Abbildung 10: VIVA Swizz in der Zuschauergunst weit vor MTV[157]

Die Einschaltquoten weisen eine kontinuierliche Steigerung auf und liegen durchgehend mindestens doppelt so hoch wie beim Konkurrenten MTV. Laut einer Umfrage vom November 1999 kannten gerade einmal 58,8 Prozent der Jugendlichen im Alter von 15 bis 29 Jahren den Musiksender *SWIZZ*. Bereits eineinhalb Jahre später konnte der Bekanntheitsgrad des neuen Senders *VIVA Swizz* laut einer Vergleichsstudie auf 90,6 Prozent gesteigert werden.[158] Zwischenzeitlich wurden

156 Quelle: http://www.radiotele.ch/fileupload/2962005151033_file.pdf
157 Quelle: http://www.radiotele.ch/fileupload/2962005151033_file.pdf
158 Quelle: http://www.radiotele.ch/fileupload/2962005151033_file.pdf

sogar in Anlehnung an das deutsche Vorbild eigene CD-Sampler auf den Markt gebracht (s. Abbildung 11).

Abbildung 11: VIVA Swizz vermarktet sich durch eigene Musik-Sampler[159]

Diese bemerkenswerten Erfolge des Schweizer „Eigengewächses" dürften wohl auch der Grund dafür gewesen sein, dass *VIVA Schweiz* nach der Übernahme von Viacom als eigenständiger Ableger erhalten blieb (anders etwa als VIVA 2; s.o.).

Nachdem es *VIVA* im Jahr 2002 gelang, die Mehrheit am Schweizer Sender zu erwerben, wurde der Name erneut geändert und ist als *VIVA Schweiz* bis heute erhalten geblieben. Zu diesem Zeitpunkt wurde außerdem eine neue Geschäftsführerin namens *Asta Baumöller* eingesetzt. Bereits seit Beginn der Übernahme durch *VIVA* setzte eine regelrechte Kündigungswelle beim ursprünglichen Sender *SWIZZ* ein. Selbst die Gründer *Pierre Rothschild* und *Suzsanne Speich* kehrten dem Sender aufgrund von Differenzen mit dem Aufsichtsrat schließlich den Rücken. Zu Beginn des Aufkaufs blieben jedoch noch ca. 80 Prozent der Programmstruktur von SWIZZ erhalten, vom deutschen VIVA übernommen wurden lediglich die erfolgreichsten Formate wie die *UK/US Charts* mit *Mola Adebisi*, die Sendung *Club Rotation* mit *Daisy Dee* und das Lifestylemagazin *Inside* mit *Nova Meierhenrich*. In einer Art anfänglichen „Kennenlernphase" gab es Doppelmoderationen mit Gesichtern von beiden Sendern; ebenso kooperierten bei der optischen Überarbeitung des Senders Designer aus beiden Häusern.[160] Langfristig dominierte jedoch schließlich die sattsam bekannte „VIVA-Ästhetik".

Nach diversen Auseinandersetzungen verlies *Asta Baumöller* den Sender bereits wieder im Jahr 2007 und mit ihr weitere neun Kollegen. Das neue Team bestand nun aus nur noch 19 Festangestellten. Neuer Geschäftsführer wurde der zu diesem Zeitpunkt gerade einmal 28 Jahre alte *Giovanni Zamai*, der bisher schon

159 Quelle: http://www. black-virus.ch/images/covers/viva_swizz.jpg
160 Quelle: http://www.swiss-music-news.ch/welcome.html?/news/news303.html

als Programmdirektor für VIVA Schweiz tätig war.[161] Dieser begründete in einem Interview den Stellenabbau als „eine notwendige Restrukturierung, um die ambitionierten Ziele zu erreichen“[162], ein Indiz dafür, dass durch das Engagement der Viacom auf dem Schweizer Markt die Anforderungen an den Sender deutlich gestiegen sind. *VIVA Schweiz* schrieb zwar bisher schon längere Zeit schwarze Zahlen, doch die aktuellen Wachstumsvorgaben des Konzerns, mit denen sich *Zamai* konfrontiert sah, lagen im zweistelligen Prozentbereich. Dennoch: *Die inhaltliche Umsetzung bleibt Sache des regionalen Ablegers.* Auch *Alexander Duphorn* betont die Ambivalenz zwischen Schweizer Eigenständigkeit und Einfluss des Mutterkonzerns: „Das ist keine Kontrolle im Sinne von ‚Big Brother Is Watching You' sondern eher ein Miteinander. Wir unterstützen die Schweizer Kollegen – sie und wir prüfen gegenseitig welche Formate gut laufen und welche nicht. Natürlich übernimmt VIVA Schweiz ein erfolgreiches Format, wenn es auch zum lokalen Publikum passt. Viele Formate aus dem Network wie ‚*Featuring …*' oder ‚*The Fabulous Life of …*' wurden in der Schweiz aufgegriffen. Diese Geschichten funktionieren auch dort hervorragend. Gerade in der weiblichen Zielgruppe.“

Zamais Strategie zur Umsetzung der Konzernvorgaben ist ein weiterer Ausbau der Präsenz *lokaler Künstler* im Programm. Der Anteil an gezeigten Eigenproduktionen mit Schweizer Musik war zwar mit bis zu 25 Prozent von Anbeginn relativ hoch[163], soll aber nun noch weiter ausgebaut werden.[164] Betrachtet man die Zeit seit den Anfängen von *Swizz Music Television* über *VIVA Swizz* bis heute zu *VIVA Schweiz* hat sich die Quote an Schweizer Eigenproduktionen seit dem Jahr 1999 bis zum heutigen Zeitpunkt beinahe *verdreifacht*.[165] In den beiden Sendungen *SWISSMAT* und *SWISS.SPACE*, die täglich zwischen 19 und 20 Uhr gesendet werden, stehen ausschließlich Schweizer Clips auf dem Programm, die jeweils immer von einem der vier Schweizer *VJs*[166] moderiert werden.[167]

Die *Förderung von lokalen Talenten* hat im Schweizer Musikfernsehen Tradition: Bereits der Vorgänger VIVA *Swizz* präsentierte Schweizer Künstler nicht bloß in seinen Sendungen, sondern übernahm bis zu 50 Prozent der Kosten für eine Videoproduktion – vorausgesetzt die Künstler hatten bereits einen Plattenvertrag und konnten internationale Standards bei der Produktion vorweisen.[168] Wie

161 Quelle: http://www.tvmatrix.ch/?newsid=7725

162 Quelle: http://www.persoenlich.com/news/show_news.cfm?newsid=68411&criteria=viva#oben

163 Quelle: http://www.film.uzh.ch/public/archiv/2006.html

164 Quelle: http://www.persoenlich.com/news/show_news.cfm?newsid=68411&criteria=viva#oben

165 Quelle: http://www.film.uzh.ch/public/archiv/2006.html

166 Linda Gwerder (ehemalige Miss Schweiz-Zweite), Jubaira Bachmann, Robin Rehmann und Fabienne Heyne

167 Quelle: http://www.vivatv.ch

168 Quelle: http://www.bandorama.ch/Band-Guide/Themen/videoclip.htm

erfolgreich die Unterstützung junger Nachwuchstalente sein kann, zeigte sich etwa bei dem Basler HipHop Act *Brandhärd.* Kurz nachdem das Low-Budget Video zu deren EP[169] *FLÄCHENBRAND* auf *VIVA Swizz* in der Heavy Rotation gespielt wurde, war es innerhalb kürzester Zeit ausverkauft und die drei Musiker konnten sich inzwischen erfolgreich auf dem Musikmarkt in ihrem Heimatland etablieren.[170]

Mittlerweile erreicht VIVA Schweiz beinahe zwei Millionen Haushalte in der deutschsprachigen Schweiz, was einer *Reichweite* von circa 90 Prozent entspricht.[171] Seit April 2002 gibt es außerdem ein eigenes *Internetportal* für *VIVA Schweiz.* Unter www.vivatv.ch sind Infos rund um den Sender und seine Programminhalte zu finden, darüber hinaus Musik- und Starthemen, ebenso wie aktuelle Clips, die online frei zugänglich und abspielbar sind.[172] Vergleicht man die Seite mit der deutschen Version, fällt auf, dass *VIVA Schweiz* sich deutlich weniger an ein vorrangig junges und weibliches Publikum richtet, sondern sich in erster Linie als Schweizer Medium für Popkultur betrachtet. Dies bestätigt auch *Alexander Duphorn* im Interview: „VIVA Schweiz ist dem deutschen Pendant sehr ähnlich, doch es gibt auch klare Unterschiede. So ist das Schweizer VIVA bei weitem nicht so stringent auf ein weibliches Publikum ausgerichtet wie in Deutschland. Andere Merkmale von VIVA, wie die Pop & Fun-Orientierung, dieser ‚Mainstream' im positiven Sinne, kommt in der Schweiz weit deutlicher zum tragen."

Blümchenornamente in Pink sind nicht zu finden, sondern eine *Homepage*, die eher als schlicht und sachlich zu bezeichnen ist. Auch die Themen drehen sich weniger um Mode und Lifestyle, als dies beim deutschen Pendant der Fall ist (vgl. Abbildung 12).

---

169 Extended Play: eine CD, die zu viele Stücke enthält, um als Single zu gelten, aber noch nicht genügend Stücke für ein komplettes Album hat.

170 Quelle: http://www.mybasel.ch/freizeit_veranstaltungen_events_brandhaerd.cfm?Color=1

171 Quelle: http://www.viacom.de/scripts/contentbrowser.php3?ACTION=showSub&SubID=23&plugin=

172 Quelle: http://www.lifecom.ch/index.cfm?s=TmpKurzLang2&klID=1&action=hm2&contentID=1&um1ID=2&hmI-D=2

Abbildung 12: Homepageansicht von VIVA Schweiz[173]

Insgesamt wird deutlich, dass VIVA Schweiz erheblich weniger als etwa das deutsche VIVA durch die Neuausrichtung der Sender durch die Übernahme des Viacomkonzerns beeinflusst wurde. Im Vordergrund steht nicht eine spezifische Zielgruppenansprache (jung und weiblich wie in Deutschland), sondern der Regionalbezug, betont wird das landestypisch Schweizerische. In erster Linie versteht sich der Sender als eine Art Repräsentant der Schweizer Popkultur und Schnittstelle zwischen lokaler und internationaler Musikszene.

Die nahe liegende Frage, ob es aufgrund des Erfolgs von *VIVA Schweiz* auch Pläne für ein eigenes MTV Schweiz gäbe, beantwortet *Alexander Duphorn* wie folgt: „Das ist immer auch eine Frage der Bewertung von Kosten und Nutzen, das muss man klar so sagen. Hier kommt zum Tragen, dass MTV eben internationaler ausgerichtet ist und VIVA Schweiz damit hervorragend ergänzt. Da wir hier von der Deutsch-Schweiz reden, muss man auf der anderen Seite sagen, dass wir uns mit MTV für den deutschsprachigen Markt hier natürlich auch lokal annähern. Eine weitere Spezialisierung von MTV auf den Schweizer Markt sollte man aber

173 Quelle: http://www.vivatv.ch

nicht erwarten. Wir kommen mit dem Programm aus Deutschland bereits sehr gut an."

Ähnlich sieht es hinsichtlich des Ausbaus von Schweizer Sendeformaten aus: „Eigens für die Schweiz produzierte Formate wird es immer mal wieder geben, aber es wird die Ausnahme bleiben. Wenn dann findet das punktuell gemeinsam mit Marktpartnern statt. Wir haben zum Beispiel beim Relaunch der XBox in Skigebieten Konzerte produziert und aufgezeichnet." Die Gründe für die nur sporadisch produzierten lokal orientierten Sendungen sind jedoch nicht nur in der fehlenden Refinanzierbarkeit der Produktionskosten zu suchen, sondern hängen auch mit den Richtlinien bei den *Programmlizenzen* zusammen, welche es MTV nur ermöglichen, Sendeinhalte mit kommerziellem, d.h. werblichem Hintergrund in der Schweiz zu zeigen: „Wir haben ein Werbefenster lizenziert und das schließt die Produktion von eigenem Programm eigentlich aus. In Einzelfällen ist das möglich, und zwar dann, wenn wir werblichem Hintergrund für die Schweiz nachweisen können. Generell aber heißt es, wer beispielsweise eine Schweizer Chart-Show produzieren will braucht auch eine Programmlizenz. Eine solche haben wir für MTV in der Schweiz jedoch vorerst nicht."

5.3 Die Musiksender im deutschsprachigen Ausland: *Same but different?*

Die Ausführungen konnten zeigen, dass die Inhalte der deutschen Kernsender MTV und VIVA überwiegend auch in den deutschsprachigen Nachbarländern dominieren. In *Österreich* gibt es generell keine eigenständigen lokalen Viacom-Sender, sondern die beiden Ableger MTV Austria und VIVA Austria haben lediglich eigene lokale Werbefenster und einzelne Formate mit denen das deutsche Programm von MTV und VIVA zeitweise überblendet wird. Allerdings ist die Tendenz beim Anteil der lokalen Sendeeinheiten steigend.

Etwas anders zeigt sich die Situation in der *Schweiz*: Während MTV hier außer den Werbefenstern so gut wie keine lokalen Inhalte präsentiert, konnte sich mit *VIVA Schweiz* ein eigenständiger Ableger auch nach dem Aufkauf durch die Viacom erhalten und (re-)etablieren. Dem Konzern gelang und gelingt es auf diese Weise, den Wünschen des Schweizer Publikums nach lokalen Inhalten entgegen zu kommen. Doch trotz der verstärkt lokalen Ausrichtung ist auch im Falle VIVA Schweiz eine *große Nähe zum deutschen Programm* zu konstatieren.

Die seit der Viacom-Übernahme von VIVA durchgesetzten Umstrukturierungen und die im Zuge dessen betriebene Neuausrichtung der Sender (s.o.) führten insgesamt auch in *Österreich* und der Schweiz zum Erfolg. Die Marktanteile bei der Kernzielgruppe der 12- bis 29-Jährigen stiegen beispielsweise im MTV-Österreichfenster von 0,7 Prozent im Jahr 1999 auf inzwischen 1,8 Prozent im Juli 2007 und erreichten damit ihren bisherigen Höchststand.[174] In der *Schweiz* ist VIVA traditionell etwas stärker präsent, da der Sender bereits vor der Übernahme durch Viacom am dortigen Fernsehmarkt mit regionalen Angeboten vertreten war und auch nach der Übernahme schweizspezifisches Programm ausstrahlt.

Dass in den regionalen Ablegern in Österreich Sendungen von RTLII übernommenen wurden und bei VIVA Schweiz das Programm ebenso zu weiten Teilen mit Realitydokus und ähnlichem bestritten wird, lässt sich auf die Entwicklung der Musiktelevision insgesamt zurückführen, welche sich als eine Bewegung von ehemals reinen Musiksendern hin zu breit gefächerten Unterhaltungskanälen für ein jugendliches Publikum charakterisieren lässt (s.a. Kap. 3).

Ob es in Zukunft für Österreich und die Schweiz vielleicht doch noch einen eigenständigen MTV-Ableger geben wird, bleibt abzuwarten. Laut *Viacom Brand Solutions*-Geschäftsführer *Alexander Duphorn* wird sich zwar in nächster Zeit aufgrund der niedrigen Refinanzierungsmöglichkeiten für den Konzern kaum etwas ändern, aber eventuelle Expansionspläne für die Sender sind nicht völlig von der Hand zu weisen: „Es ist insgesamt eine Frage der Refinanzierungsmöglichkeiten, in wie weit man sich auf einzelnen kleineren Märkten engagiert. VIVA hat sich in der Schweiz schon früh etabliert und man muss auch anerkennen, dass die Schweiz hierfür bessere Marktbedingungen bietet als vergleichsweise Österreich. Wir überprüfen regelmäßig und wiederholt, welche Märkte sich so entwickeln, dass ein stärkeres Engagement für alle Beteiligten, also Zuschauer, Werbepartner und uns selbst, erfolgversprechend ist. Wenn sich eine sinnvolle Möglichkeit bietet ergreifen wir sie."

Fazit: Vom Musikfernsehsender zur glokalen Lifestyle-Marke

Setzte *MTV* seit seines Sendestarts im Jahre 1981 alles daran, sich als *Gatekeeper* einer internationalen Popmusikkultur zu etablieren und trug aufgrund seiner durch ökonomisches Taktieren (vgl. Banks, 1996) erreichten kulturellen Vormachtstellung zu einer Domestizierung, Standardisierung und Kommerzialisierung (vgl. Schmidt, 1999, 126ff.) der globalen Pop(musik)kultur bei, so ist diese Monopolstellung *MTVs* heute im Schwinden begriffen: Die Musikfernsehsender entfernen sich mehr und mehr von ihren angestammten Geschäftsbereichen, Fernsehen und Bewerbung von Tonträgern, und etablieren sich mehr und mehr als *Mediatoren einer globalen Popkultur*. Als profitträchtig erweist sich weniger die Position als Distributionskanal (herkömmlich: analoger Musikfernsehsender) oder als spezi-

174 Quelle: http://www.vienna.at/news/om:vienna:musik/artikel/20-jahre-mtv-in-oesterreich/cn/news-20070731-12110877

fisches Werbetool für spezifische Produkte (hier: Bewerbung von Tonträgern mit Hilfe von Musikvideos) als vielmehr der Status, als international renommierte *Lifestyle- und Popkultur-Marke* auftreten zu können, welche „mit einem Marktwert von 6,6 Milliarden Dollar (…) so wertvoll wie sonst kein anderer Medien-Name im globalen Mediengeschäft [ist]“ (Kurp, Hauschild &Wiese, 2002, 7). Auf der Website wird die eigene Werbekraft beworben – Zitat: „Music Television (…) ist (…) die führende Multimedia-Marke für 12- bis 34-Jährige. Bereits zum sechsten Mal in Folge wurde *MTV* in der ‚*World's Most Valuable Brands 2006*'-Studie von *Business Week* und *Interbrand* zur wertvollsten Medienmarke der Welt gekürt“.[175]

Dieser Wandel – so lässt sich resümieren – ist auf vielfältige, sich wechselseitig verstärkende Ursachen zurückzuführen, welche sich – was nun abschließend geschehen soll – als ein interdependentes Geflecht aus technischen Innovationen, veränderten Produktions- und Distributionsstrukturen sowie verändertem Mediennutzungs- und Konsumverhalten und – nicht zuletzt – veränderten kulturellen Rahmenbedingungen darstellen lassen.

Der Erfolg der Musiksender beruhte auf einer Marktlücke, welche sie exklusiv und lange Zeit relativ konkurrenzfrei bedienen konnten: Sie lieferten Musikvideos zu Popsongs und etablierten sich als visuelles Popkulturforum. Beides hat Konkurrenz bekommen und/oder an Bedeutung eingebüßt: Technische Innovationen (Stichwort: Digitalisierung) bewirkten einen Strukturwandel der Musikindustrie (s. Kap. 2) sowie im Zuge dessen eine allgegenwärtige (größtenteils kostenfreie) Verfügbarkeit von Musik. Distributionswege und Darbietungsformen der Musik wandelten (resp. digitalisierten) sich, mit ihnen Formen der Tonträgerbewerbung: Musikvideos als Werbemittel für Tonträger verloren aufgrund des rückläufigen Tonträgermarktes insgesamt an Bedeutung, zugleich erlebten sie indes als kulturelle Güter gar eine Renaissance, jedoch nicht im TV, sondern im Netz. Ebenso wie Musikvideos im Netz allumfassend verfügbar sind und damit spezifische Sender für diese Art kulturellen Guts überflüssig mach(t)en, so nimmt auch der Bedarf an musikredaktionellen Elementen im Fernsehen ab, da auch in diesem Bereich das Netz die Führerschaft übernommen hat.[176] Zugleich konvergieren die Bereiche Konsumgüter, Freizeit, Lifestyle, Popmusik, Medien, Werbung und Unterhaltung zunehmend[177], so dass eine (schwer ein- bzw. abgrenzbare) Sphäre *populärer*

---

175 Quelle: http://www.mtvnetworks.de/scripts/contentbrowser.php3?ACTION=showSub&SubID=27&plugin=.

176 Genannt seien hier Angebote wie etwa *Allmusic.com* oder *Laut.de*.

177 Das gilt sowohl für die Produktions- (festzumachen an Unterhaltungsmischkonzernen wie eben der *Viacom*) resp. Produkt- (festzumachen etwa an der zunehmenden Hybridisierung von redaktionellem Programm- und eingewobenem Werbeanteil im Programmfluss der Musikfernsehsender) als auch für die Rezeptionsseite (den engen Zusammenhang zwischen ästhetischem Erle-

Kultur (oder Pop-Kultur) entstanden ist, welche sich einer *spezifischen* ökonomischen Ausrichtung darauf zunehmend entzieht. Elmar Giglinger (*Senior Vice President Music & Comedy Channels* bei MTV Networks) stellt fest: „Es reicht nicht mehr, nur Musik-TV zu machen. MTV ist längst mehr als nur *Music Television*, ist auch in Europa zu einem „*mediator of rock culture*" mutiert, ist ‚*Pop Television*': ein Sender, der alle, auch die außermusikalischen Bereiche der populären Kultur abdeckt" (vgl. Giglinger, 2003, 372). Kurz: Zunehmender Konkurrenzdruck sowie die Konvergenz und Omnipräsenz von freizeit- und popkulturellen Angeboten zwang die Musiksender (allen voran *MTV*) resp. die Betreiber von Musiksendern (*MTV Networks/ Viacom*), sich aus ihrer angestammten Marktnische herauszubewegen. Ein solcher Zwang zur Expansion, Verbreiterung und Diversifizierung ergab sich indes auch aus dem durch obige Veränderungstendenzen mitbedingten Wandel von Rezeptionsmöglichkeiten und -verhaltensmustern: Publika und Zielgruppen haben sich diversifiziert, einzelne Nutzer und Konsumenten individualisiert. Mediennutzung orientiert sich zunehmend an sich ständig diversifizierenden Lebensstilen (vgl. Hermann, 2002, 50), die subjektiven Ansprüche an die einzelnen Angebote werden höher (vgl. Gerhards & Klingler, 2006, 76). Massenmedien bricht aufgrund dessen ihre Geschäftsgrundlage weg: Die – in der Logik doppelter Ökonomie gedachten (s. hierzu Kap. 2) – spezifischen Massenpublika (also etwa die 14-19-Jährigen), welche an Werbetreibende verkauft werden, schmelzen zusammen bzw. wandern ins Netz ab. Das traditionelle Fernsehen ist nicht flexibel genug, dem Individualisierungstrend zu folgen: Es bietet *ein* Programm für alle Nutzer; eine Rückbindung an die Präferenzen der Nutzer kann erst nachträglich auf der Basis von Marktforschungen erfolgen. Eine Produktindividualisierung, welche den Kunden in den Anpassungsprozess integriert (so genannte offene Individualisierung oder „*Soft Customization*"), fällt dem Massenmedium ‚Fernsehen' traditionellerweise schwer. Zwischenstufen (also weder Massen- noch Einzelfertigung) beschreitet das TV durch individualisierte Produktbündelungen (*Pay-TV*-Pakete resp. *Video-On-Demand*-Angebote), was bedeutet – zumindest von der Tendenz her –, dass das Massenmedium ‚Fernsehen' unter Druck gerät sich in Richtung Individualmedium zu bewegen[178] – formelhaft verdichtet: „*Ego-*

---

ben, Konsum-(güterprodukten), Medieninhalten resp. Events der Freizeitindustrie und sozialstrukturellem Gewinn (etwa in Form von Distinktion) zeigt etwa Gerhard Schulze (1995) eindrücklich auf).

178 Was – nebenbei gesagt – ‚natürlichen' Grenzen unterliegt, da das Fernsehen *als* Fernsehen darauf angewiesen ist, mit einem professionell hergestellten Programminhalt ein disperses Massenpublikum zu erreichen. Die Auflösung des professionellen Sendebetriebs und/oder des Erreichens eines großen, räumlich zerstreuten Publikums würde das, was üblicherweise unter „Fernsehen" verstanden wird (und das ist i.e.S. mehr als audiovisuelles Material auf einem Bildschirm) zerstören.

cast statt *Broadcast*" (vgl. *Institut der deutschen Wirtschaft Köln*, 2006, o.S.) bzw. „vom *Broadcast* zum *Personalcast*" (vgl. Hermann, 2002). Hinzu kommen Tendenzen, Medieninhalte raum- und zeitflexibel – also entkoppelt vom heimischen Wohnzimmer oder PC – zu nutzen. Das Bedürfnis, auch hinsichtlich der Mediennutzung mobil zu sein – was mit Hilfe des Handys auch schon bald Realität sein dürfte (vgl. JIM, 2006, 48ff.) – zwingt insbesondere klassische Distribuenten (wie das Fernsehen) zum Umdenken, konkret: zur Netz- und Mobilfunkdistribution.

Zugleich sind jedoch auch Grenzen einer solchen vollvernetzten und den individuellen Bedürfnissen angepassten Medienwelt – gewissermaßen *Gegenströmungen* – spürbar: Die Sehnsucht nach dem *authentischen Live-Erlebnis*, nach dem medial Unvermittelten, scheint wieder anzuwachsen – das zeigen zumindest die steigenden Umsätze der Konzertveranstalter resp. die höheren Aufwendungen der Musikindustrie für diese Form von Produktmarketing. Damit einhergehend sehen sich viele neue Angebote mit einer Art ‚Technikbarriere' konfrontiert: Die Nutzung von Computer und Internet setzt ein wesentlich höheres Maß an Engagement und Kompetenz voraus. Es bedarf der Neugier, Selbständigkeit und Ausdauer, entsprechendes Equipment anzuschaffen und sich die Fähigkeiten, damit umzugehen, anzueignen. Nicht zuletzt setzt der Umgang mit den digitalen Medien i.d.R. ein höheres Maß an Eigeninitiative und -aktivität voraus (vgl. Boehnke & Münch, 1999, 67 und Arnhold, 2002, 111f.). Dieser „*Digital Divide*" (vgl. Kubicek & Welling, 2000, 500) verschließt den Medientreibenden insbesondere die Zielgruppe der bildungsfernen, jedoch häufig (medien-)konsumfreudigen Jugendlichen (vgl. Shell, 2006, 84). Hinzu kommt, dass so genannte „*Global Players*" (wie *MTV*) zwar einerseits weiter expandieren müssen (und das auch tun: so ging im Herbst 2006 etwa *MTV Baltic* und *MTV Ukraine* an den Start, in diesem Jahr soll *MTV Arabia* folgen), um besagten Diversifizierungstendenzen entgegenzuwirken, andererseits jedoch zugleich gezwungen sind, dies wiederum regionalspezifisch zu tun (in diesem Sinne sind die regionalen Ableger *MTV*s eigenständige, in den jeweiligen Regionen verwurzelte Sendeanstalten), da sich die unterschiedlichen Sprach- und Kulturräume einer schlichten Globalisierung bzw. Amerikanisierung entziehen (vgl. Donges, 1999, 9). Die Zauberformel heißt *Glokalisierung*[179], oder – in den Worten Catherine Mühlemanns (*MTV Networks Germany*-Chefin) – „*globale Marke, lokale Inhalte*" (zit. n. Medienboard, 2004).

Und so ist *MTV* inzwischen zu großen Teilen eher ein *Pop-Sender*, denn ein Musikkanal, und wird in Zukunft eher eine Rolle als global bedeutsame *Popkultur-Marke* denn als Fernsehsender spielen, an deren Image andere Medienange-

179 Für das Nebeneinander globaler und lokaler Tendenzen prägte Robertson den Begriff der „Glokalisierung". (vgl. Robertson, 1998, 198).

bote (etwa Websites), mediale Produkte (Musik, Klingeltöne, Download, Videos etc.) oder deren Produzenten (etwa *Jamba!*) partizipieren können. Zudem wird die Existenz resp. weitere Expansion *MTVs* nicht weiterhin nach der Maßgabe „*more of the same*" (vgl. Schmidt, 1999, 128) erfolgen können. Vielmehr ist der Sender aufgrund gewandelter Rahmenbedingungen sowohl in distributiver als auch programminhaltlicher Hinsicht gezwungen, das Angebot enorm zu verbreitern, zu variieren und zu diversifizieren. Bleibt die Frage, ob diese Vielfalt sich bloß als ein Oberflächenphänomen entpuppt, eine – aufgrund oligarchischer Strukturen der global operierenden Medienindustrie – „Variation des Immergleichen"[180], oder ob die angesprochenen Fragmentierungsprozesse (innerhalb der Produktion, der Rezeption und der Distribution) imstande sind, Prozesse substanzieller kultureller Vielfalt zu befördern.

180 Dies entspräche dem klassischen Vorwurf der kritischen Theorie gegenüber kulturindustrieller Produkte (vgl. Adorno & Horkheimer, 1997; zfs. Schwering, 2006).

Danksagung
(Interviewpartner)

Alexander Duphorn: Senior Vice President Viacom Brand Solutions

Elmar Giglinger: Senior Vice President Music & Comedy Channels bei MTV Networks Germany

Smudo: Mitglied der deutschen Hip-Hop-Band „Die Fantastischen Vier“

Christian Stolberg: Chefredakteur der Musikzeitschrift „Musikexpress“

Literatur

Abt, D. (1988). Music video. Impact of the Visual Dimension. In J. Lull (Hrsg.), *Popular Music and Communication* (S. 96-111). London: Sage.

Altrogge, M. (1992). Der Videoclip. Die neue Form des Starkults. *Bertelsmann Briefe*, 128, 25-28.

Altrogge, M. (1993). Von der Bilderflut zum Bewusstseinsstrom. Überlegungen zur musikalischen Organisation von Raum und Zeit in Musikvideos. In B. Naumann (Hrsg.), *Vom Doppelleben der Bilder. Bildmedien und ihre Technik* (S. 221-234). München: Fink.

Altrogge, M. (1994a). Alphabet Street. Prince oder die Kunst der Re-de-Konstruktion. In J. Paech (Hrsg.), *Film, Fernsehen, Video und die Künste. Strategien der Intermedialität* (S. 239-261). Stuttgart: Metzler.

Altrogge, M. (1994b). Das Genre Musikvideos. Der Einfluss von Musik auf die Wahrnehmung der Bilder. Selektions- und Generalisierungsprozesse der Bildwahrnehmung in Videoclips. In L. Bosshart & W. Hoffmann-Riem (Hrsg.), *Medienlust und Mediennutz. Unterhaltung als öffentliche Kommunikation* (S. 196-214). München: Öhlschläger.

Altrogge, M. (1994c). Video-Rock – Visuelle Re-de-Konstruktion musikalischer Stilistik? Ergebnisse einer experimentellen Erhebung: In W. Faulstich & G. Schäffner (Hrsg.), *Die Rockmusik der 80er Jahre* (S. 152-168). Bardowick Wissenschaftlicher Verlag.

Altrogge, M. (1995). *MTV* – One World, One Music? In L. Erbring (Hrsg.), *Kommunikationsraum Europa* (S. 198-225). Konstanz: Oelschläger.

Altrogge, M. (2000a). *Tönende Bilder. Interdisziplinäre Studie zu Musik und Bildern in Videoclips und ihre Bedeutung für Jugendliche. Bd. 1: Das Feld und die Theorie*. Berlin: Vistas.

Altrogge, M. (2000b). *Tönende Bilder. Interdisziplinäre Studie zu Musik und Bildern in Videoclips und ihre Bedeutung für Jugendliche. Bd. 2: Das Material: Die Musikvideos*. Berlin: Vistas.

Altrogge, M. (2000c). *Tönende Bilder. Interdisziplinäre Studie zu Musik und Bildern in Videoclips und ihre Bedeutung für Jugendliche. Bd. 3: Die Rezeption: Strukturen der Wahrnehmung.* Berlin: Vistas.

Altrogge, M. (2002). Entwicklung, Funktion, Präsentationsformen und Texttypen der Videoclips. In J.-F. Leonhard et al. (Hrsg.), *Medienwissenschaft. Ein Handbuch zur Entwicklung der Medien und Kommunikationsformen* (S. 2439-2452). Berlin u.a.: de Gruyter.

Altrogge, M. & Amann, R. (1991). *Videoclips – Die geheimen Verführer der Jugend?* Schriftenreihe der Landesmedienanstalten. Berlin: Vistas.

Arbeitsgemeinschaft der Landesmedienanstalten (Hrsg.). (2006). *Digitalisierungsbericht 2006. Aufbruch ins digitale Zeitalter.* Berlin: Vistas.

ARD/ZDF-Projektgruppe Mobiles Fernsehen (2007). Mobiles Fernsehen: Interessen, po tenzielle Nutzungskontexte und Einstellungen der Bevölkerung. *Media Perspektiven*, 1 11-19.

Arnhold, K. (2002). *Digital Divide. Zugangs- oder Wissenskluft?* München: Verlag Rein hard Fischer.

Auf dem Hövel, J. (2006): Kupfer am Limit. URL: *http://www.heise.de/tp/r4/html/result xhtml?url= /tp/r4/artikel/24/24244/1.html&words=Kupfer%20am%2limit.*

Aufderheide, P. (1986). Music Videos: The Look of Sound. *Journal of Communication*, 36 57-78.

Banks, J. (1996). *Monopoly Television. MTVs Quest to Control the Music*. Boulder: West view Press.

Barth, M. & Neumann-Braun, K. (1996). Augenmusik. Musikprogramme im deutschen Fernsehen – am Beispiel von *MTV*. In Landesanstalt für Kommunikation Baden Würtemberg (LFK) (Hrsg.), *Fernseh- und Radiowelt für Kinder und Jugendliche* (S. 249-265). Villingen: Neckar Verlag.

Batschari, A. (1997). *MTV und sein Bild der afro-amerikanischen Kultur. Eine Untersu chung unter besonderer Berücksichtigung der Sendung YO!* Alfeld; Leine: Copi-Ver lag.

Bechdolf, U. (1996). Music Video Histories. In C. Hackl, E. Prommer & B. Scherer (Hrsg.), *Models und Machos? Frauen- und Männerbilder in den Medien* (S. 277-299). Kons tanz: UKV Medien.

Behm, M. & Siegle, J. A. (2004). *Gebrannte Kinder*. URL: *http://www.zeit.de/2004/19 Musik-Downloads.*

Behne, K.-E. (1985). Vier Thesen zur Musik im Fernsehen. In W. Hoffmann-Riem & W Teichert (Hrsg.), *Musik in den Medien - Programmgestaltung im Spannungsfeld von Dramaturgie, Industrie und Publikum* (S. 99ff.). Hamburg.

Behne, K.-E. (Hrsg.). (1987). *film – musik – video oder: Die Konkurrenz von Auge und Ohr*. Regensburg: Gustav Bosse Verlag.

Behr, H. (2006). *Musikstars von morgen. Top of the Blogs.* URL: *www.spiegel.de/kultur musik/ 0,1518,455798,00.html.*

Bergermann, U. (2003). Videoclip. In H.-O. Hügel (Hrsg.), *Handbuch Populäre Kultu* (S. 478-482). Stuttgart: Metzler.

Betz, M. (1990). Willkommen im Dschungel. Versuch der semiotischen Beschreibung ei nes Videoclips. In H. J. Wulff (Hrsg.), Zweites Film- und Fernsehwissenschaftliche Kolloquium/Berlin '89 (S. 235-248). Münster: MAKS.

Bilandzic, H. & Trapp, B. (2000). Die Methode des lauten Denkens. Grundlagen des Ver fahrens und die Anwendung bei der Untersuchung selektiver Fernsehnutzung bei Ju gendlichen. In I. Paus-Haase (Hrsg.), *Qualitative Kinder- und Jugendmedienforschung* (S. 183-209). München: KoPäd.

Bódy, V. & Bódy, G. (Hrsg.). (1986). *Vom kommerziellen zum kulturellen Videoclip*. Köln DuMont.

Bódy, V. & Weibel, P. (Hrsg.). (1987). *Clip, Klapp, Bum. Von der visuellen Musik zum Musikvideo.* Köln: DuMont.

Boehnke, K. & Münch, T. (1999). Jugendsozialisation und Medien – Zur Entwicklungsfunktionalität der Medienaneignung im Jugendalter am Beispiel Hörfunk, Musikfernsehen und Internet. In DFG-Forschergrupppe „Neue Medien im Alltag" (Hrsg.), *Neue Medien im Alltag: Von individueller Nutzung zu soziokulturellem Wandel* (S. 36-78). Lengerich: Pabst Science Publishers.

Borchers, D. (2006). *Medienexperten diskutieren über Handy-TV-Zukunft.* URL: *www.heise.de/newsticker/ meldung/73464.*

Breunig, C. (2006). Mobiles Fernsehen in Deutschland. *Media Perspektiven,* 11, 550-562.

Bühler, G. (2002). *Postmoderne auf dem Bildschirm, auf der Leinwand. Musikvideos, Werbespots und David Lynchs Wild at Heart.* Sankt Augustin: Gardez!.

Bunting, H. (1995). *US-Media Markets Leading the World?* Bedfordshire: Watkiss Studios.

Burnett, R. (1996). *The Global Jukebox. The International Music Industrie.* London; New York: Routledge.

Burnett, R. & Deivert, B. (1995). Black or White: Michael Jackson's Video as a Mirrow of Popular Culture. *Popular Music and Society*, Fall, 19-40.

Charlton, M. & Schneider, S. (Hrsg.). (1997). *Rezeptionsforschung. Theorien und Untersuchungen zum Umgang mit Massenmedien.* Opladen: Westdeutscher Verlag.

Clarke, J. (1979): Stil. In: Clarke, J. et. al. (Hg.): Jugendkultur als Widerstand. Milieus, Rituale, Provokationen. Frankfurt: Syndikat. S. 133-157.

Curry, R. (1993). Madonna von Marilyn zu Marlene. Pastiche oder Parodie? In B. Naumann (Hrsg.), *Vom Doppelleben der Bilder. Bildmedien und ihre Technik* (S. 219-247). München: Fink.

Denisoff, R. S. (1988). *Inside MTV.* New Brunswick, NJ: Transaction Publishers.

Donges, P. (1999). Globalisierung der Medien? Einführung in die Thematik und den Aufbau des Bandes. In P. Donges, O. Jarren, & H. Schatz (Hrsg.), *Globalisierung der Medien* (S. 9-17). Wiesbaden: Westdeutscher Verlag.

Dreier, H. (2006a). Cross Promotion. In Hans-Bredow-Institut für Medienforschung (Hrsg.), *Medien von A bis Z* (S. 82-84). Wiesbaden: Verlag für Sozialwissenschaften.

Dreier, H. (2006b). Viacom. In Hans-Bredow-Institut für Medienforschung (Hrsg.), *Medien von A bis Z* (S. 367-370). Wiesbaden: Verlag für Sozialwissenschaften.

Fincke, B. (1999). Veränderungen der musikalischen Sozialisation Jugendlicher durch Musikvideoclips. In M. L. Schulten (Hrsg.), *Medien und Musik. Musikalische Sozialisation 5- bis 15-jähriger* (S. 239-285). Münster: Lit.

Fiske, J. (1986). *MTV*: Post-structural Post-modern. *Journal of Communication*, 10, 74-79.

Frielingsdorf, B. & Haas, S. (1995). Fernsehen und Musikhören. Stellenwert und Nutzung von *MTV* und *VIVA* beim jungen Publikum in Nordrhein-Westfalen. *Media Perspektiven*, 7, 331-339.

Frith, S. (1988a). Making Sense of Video. Pop into the Nineties. In S. Frith, *Music for Pleasure. Essays in the Sociology of Pop* (S. 205-225). Oxford: Polity Press.

Frith, S. (1988b). Video Pop: Picking up the Pieces. In S. Frith (Hrsg.), *Facing the Music. Essays on Pop, Rock and Culture* (S. 88-130). London: Mandarin.

Frith, S. (1993). Youth/Music/Television. In S. Frith, A. Goodwin & L. Grossberg (Hrsg.), *Sound and Vision: the Music Video Reader* (S. 67-84). London: Routledge.

Frith, S., Goodwin, A. & Grossberg, L. (Hrsg.). (1993). *Sound and Vision: the Music Video Reader.* London: Routledge.

Gehr, H. (1993). The Gift of Sound and Vision. In Deutsches Filmmuseum Frankfurt (Hrsg.), *Sound & Vision – Musikvideo und Filmkunst* (S. 10-28). Frankfurt/M: Eigenverlag/Schriftenreihe des deutschen Filmmuseums.

Gerhards, M. & Klingler, W. (2006). Mediennutzung der Zukunft. Traditionelle Nutzungsmuster und innovative Zielgruppen. *Media Perspektiven*, 2, 75-90.

GfK (2006). *Brennerstudie 2006.* URL: *http://www.ifpi.de/.*

Giglinger, E. (2003). Programmstruktur und Zielpublikum. In R. Moser & A. Scheuermann (Hrsg.), *Handbuch der Musikwirtschaft.* 6. Auflage (S. 370-379). München: Starnberg.

Goodwin, A. (1992). *Dancing in the Distraction Factory. Music Television and Popular Culture*. London: Routledge.

Goodwin, A. (1993). Fatal Distraction: *MTV* Meets Postmodern Theory. In S. Frith, A Goodwin & L. Grossberg (Hrsg.), *Sound and Vision: the Music Video Reader* (S. 45-66). London: Routledge.

Grüninger, C. & Lindemann, F. (1995). *VIVA*. Ein deutscher Videoclipkanal als positiver Beitrag zur Jugendkultur. *Unsere Jugend, 47* (10), 413-424.

Hachmeister, L. & Lingemann, J. (1999). Das Gefühl *VIVA*. Deutsches Musikfernsehen und die neue Sozialdemokratie. In K. Neumann-Braun (Hrsg.), *Viva MTV. Popmusik im Fernsehen* (S. 132-172). Frankfurt/M: Suhrkamp.

Hamann, G. (2003). Prinzip Sternschnuppe. URL: *http://zeus.zeit.de/text/2003/47/BMG_2fSony*.

Handke, C. (2005). Wachstum gegen den Trend. Grundlegende Ergebnisse der VUT-Mitgliederbefragung 2005 unter kleinen und mittleren Tonträgerunternehmen. URL: *http://www2.hu-berlin.de/gbz/index2.html? /gbz/staff/handke.htm.*

Harvey, L. S. C. (1990). Temporary Insanity: Fun, Games, and Transformational Ritual in American Music Video. *Journal of Popular Culture*, *24*(1), 39-64.

Hasebrink, U., Mikos, L. & Prommer, E. (Hrsg.). (2004). *Mediennutzung in konvergierenden Medienumgebungen*. München: Reinhard Fischer Verlag.

Hausheer, C. (1994). Werbende Klangaugen. In C. Hausheer & A. Schönholzer (Hrsg.), *Visueller Sound. Musikvideos zwischen Avantgarde und Populärkultur* (S. 186-197). Luzern: Zyklop-Verlag.

Hausheer, C. & Schönholzer, A. (Hrsg.). (1994). *Visueller Sound. Musikvideos zwischen Avantgarde und Populärkultur.* Luzern: Zyklop-Verlag.

Hebdige, D. (1979): Subculture. The meaning of style. London: Methuen.

Helms, D. (2003). In Bed With Madonna. Gedanken zur Analyse von Videoclips aus medientheoretischer Sicht. In D. Helms & T. Phleps (Hrsg.), *Clipped Differences. Geschlechterrepräsentationen im Musikvideo* (S. 99-118). Bielefeld: transcript Verlag.

Hermann, M. (2002). *Vom Broadcast zum Personalcast. Ökonomische Potenziale der Individualisierung audiovisueller Medienprodukte.* Wiesbaden: Deutscher Universitätsverlag.

Hess, T., Anding, M. & Schreiber, M. (2002). Napster in der Videobranche. In D. Schoder, K. Fischbach & R. Teichmann (Hrsg.), *Peer-to-Peer. Ökonomische, technologische und juristische Perspektiven* (S. 25-40). Berlin, Springer-Verlag.

Holert, T. & Terkessidis, M. (Hrsg.). (1996). *Mainstream der Minderheiten. Pop in der Kontrollgesellschaft.* Berlin: Edition ID-Archiv.

Holly, W. & Püschel, U. (Hrsg.). (1993). *Medienrezeption als Aneignung. Methoden und Perspektiven qualitativer Medienforschung.* Opladen: Westdeutscher Verlag.

Horkheimer, M. & Adorno, T. W. (1997). Kulturindustrie. Aufklärung als Massenbetrug. In G. Schmid Noerr (Hrsg.), *Max Horheimer. Gesammelte Schriften Bd. 5: ‚Dialektik der Aufklärung' und Schriften 1940-1950* (S. 144-196). Frankfurt/M: Fischer.

Hornig, F. (2007). "We have replaced *MTV*". URL: *www.spiegel.de/international/spiegel/0,1518,459685,00.html.*

IFPI (2005). *Jahreswirtschaftsbericht. Jahrbuch 2005.* URL: *www.ifpi.de.*

Institut der deutschen Wirtschaft Köln (2006). *Massenmedien auf dem Weg zum Egocast.* Medienspiegel Nr.6/2006. URL: *http://www.iwkoeln.de/default.aspx?p=pub&i=1880&pn=5&n=n1880&m=pub&f= 4&ber=Informationen.*

Jacke, C. (2003). Kontextuelle Kontingenz. Musikclips im wissenschaftlichen Umgang. In D. Helms & T. Phleps (Hrsg.), *Clipped Differences. Geschlechterrepräsentationen im Musikvideo* (S. 27-40). Bielefeld: transcipt Verlag.

JIM (2006). *Jugend, Information, (Multi-)Media. Basisstudie des Medienpädagogischen Forschungsverbunds Südwest zum Medienumgang 12- bis 19-Jähriger in Deutschland.* URL: *http://www.mpfs.de/ index.php?id=86.*

Junker, I. & Kettner, M. (1996) Most wanted. Die televisionäre Ausdrucksform der Popmusik. *Frauen und Film*, 58/59, 45-58.

Kammer, D. (2003). *Mix, Burn & R.I.P. - Nutzer zu Kundschaft.* URL: *http://www.spex.de/web/texte.php?id=207.*

Kaplan, E. A. (1987). *Rocking Around the Clock. Music Television, Postmodernism and Consumer Culture.* London: Methuen.

Kaul, C.-T. (2006). Digital, mobil, verschlüsselt. Die Zukunft der wunderbaren Medienwelt. URL: *http://www.heise.de/tp/r4/html/result.xhtml?url=/tp/r4/artikel/22/22747/1.html&words=Digital%20mobil%20verschl%FCsselt%20Die%20Zukunft%20der%20wunderbaren%20Medienwelt&T=Digital%2C%20mobil%2C%20verschl%FCsselt.%20Die%20Zukunft%20der%20wunderbaren%20Medienwelt.*

Keazor, H. & Wübbena, T. (2005). *Video Thrills the Radio Star. Musikvideos: Geschichte Themen, Analysen.* Bielefeld: transcript Verlag.

Kerscher, G. & Richard, B. (2003). MoVie und MuVi. Zur Interpretation bewegter Bilder in Film und Musikvideoclips als Bildwissenschaft und ‚kritische Stilanalyse'. In Y. Ehrenspeck & B. Schäffer (Hrsg.), *Film- und Fotoanalyse in der Erziehungswissenschaft* (S. 203-223). Opladen: Leske + Budrich.

Kilian, P. (2007). Mobiles Flaggschiff. In: Handelsblatt.de vom 13.04.2007. URL: *http://www.handelsblatt.com/ pshb?fn=relhbi&sfn=buildhbi&GoPage=205550,205551&bmc=biz_cn_detailsuche&bmc=biz_cn_archiv_artikel&dk=9&SH=014101018c2171df318d30f695c3a9&depot=0.*

Kinder, M. (1984). Music Video and the Spectator. Television, Ideology, and Dream. *Film Quarterly*, *38*(1), 2-15.

Klarmann, M. (2004). Haste Klingeltöne.... URL: *www.heise.de/tp/r4/artikel/16/16980/1.html.*

Koch, G. (1996). FilmMusikVideo. Zu einer Theorie medialer Transgression. *Frauen und Film*, 58/59, 3-23.

Koesch, S., Magdanz, F. & Stadler, R. (2006). MySpace-Wahnsinn auf dem Handy. URL: *www.spiegel.de/ netzwelt/mobil/0,1518,446039,00.html.*

Kubicek, H. & Welling, S. (2000). Vor einer digitalen Spaltung in Deutschland? *Medien & Kommunikationswissenschaft*, *48*(4), 497-517.

Kurp, M. (2004). Musikfernsehen, das unterschätzte Medium. *Televizion*, 17, 28-31.

Kurp, M., Hauschild, C. & Wiese, K. (2002). *Musikfernsehen in Deutschland. Politische, soziologische und medienökonomische Aspekte.* Wiesbaden: Westdeutscher Verlag.

Laube, H., Ohler, A. & Meier, L. (2007). Schluss mit lustig. *Financial Times Deutschland* vom 26.02., 4.

Lingemann, J. (2005). Viacom Inc. In L. Hachmeister & G. Rager (Hrsg.), *Wer beherrscht die Medien? Die 50 größten Medienkonzerne der Welt. Jahrbuch 2005* (S. 53-61). München: C.H. Beck.

Martens, R. (1996). *VIVA* – Musik am Strang. *Spex*, 3, 37.

McGrath, T. (1996). *The Making of a Revolution: MTV.* Philadelphia; London: Running Press.

Medienboard (2004). Interview mit Catherine Mühlemann. URL: *http://www.medienboard.de/WebObjects/ Medienboard.woa/wa/CMSshow/1003093.*

Meier, L. (2000). *VIVA* will sich der Börse als seriöse Turnschuhfirma anbieten. In: *www.ftd.de* vom 21.06. URL: *http://www.ftd.de/technik/medien_internet/1053283.html.*

Menge, J. (1990). Videoclips. Ein Klassifikationsmodell. In J. H. Wulff (Hrsg.), *Zweites Film- und Fernsehwissenschaftliches Kolloquium/Berlin '89* (S. 189-200). Münster: MAKS.

Mercer, K. (1989). Monster Metaphores. Notes on Michael Jackson‘s Thriller. In A. McRobbie (Hrsg.), *Zoot Suits and Second Hand Dresses. An Anthology of Fashion and Music* (S. 50-73). Boston: Unwin Hyman.

Mikos, L. (1992). Ästhetische Kampfarena. Musikkanal *MTV*: ein Werbeprogramm als kulturelles Phänomen. *Medien Concret*, 1, 48-51.

Mikos, L. (1993). Selbstreflexive Bilderflut. Zur kulturellen Bedeutung des Musikkanals *MTV*. *Medien Praktisch, 17*(4), 17-20.

MTV Werbeprospekt (1998a). *MTV: Der erfolgreichste globale Fernsehsender der Welt.*

MTV Werbeprospekt (1998b). *Das Programm 1997/98.*

MTV Werbeprospekt (1998c). *Viewing the Viewers. Eine qualitative Jugendstudie.*

MTV-Pressemitteilung vom 08.08.2006. All Time Quotenrekord im Juli? *VIVA* und *MTV* im Sommerhoch! URL: *http://www.viacom.de/scripts/contentbrowser.php3?ACTION=showSub&SubID=3&plugin=presseinfo&PLUGINACTION=anzeigen&SORTORDER=&OFFSET=9.*

MTV-Pressemitteilung vom 09.08.2006. All Time Quotenrekord im Juli – *VIVA* und *MTV* im Sommerhoch! URL: *http://www.presse.mtv.de/scripts/pressearchiv.php3?ACTION=anzeigen&SORTORDER=&OFFSET =22.*

Müller, E. (1996). ‚Pleasure and Resistance‘. John Fiskes Beitrag zur Populärkulturtheorie. *Montage/av*, 2/1, 52-66.

Müller, E. (1999): Populäre Visionen. Ein Sampler zur Debatte um Musikclips und Musikfernsehen in den Cultural Studies. In: Neumann-Braun, K. (Hg.): Viva MTV. Popmusik im Fernsehen. Frankfurt/M: Suhrkamp. S. 74-89.

Müller, S. (1994). ‚Lost in Music‘ und ‚*VIVA*‘. Zwei junge Beispiele für Popmusik im Fernsehen. *Medium*, 1, 48-50.

N.N. (2004). *VIVA*: Gorny sieht nach Viacom-Übernahme Wachstumschancen. In: *www.ftd.de* vom 27.08. URL: *http://www.ftd.de/technik/medien_internet/1093544477626.html.*

N.N. (2006a). *MTV* kauft Atom Entertainment. URL: *www.spiegel.de/netzwelt/netzkultur/0,1518,431044,00.html.*

N.N. (2006b). Jamba öffnet Murdoch Tor zum Handy Geschäft. URL: *http://www.ftd.de/technik/ it_telekommunikation/112791.html.*

N.N. (2007a). Microsoft reduziert Prognose für Verkäufe der Xbox 360. URL: *http://www.heise.de/newsticker /result.xhtml?url=/newsticker/meldung/84304&words=Zune.*

N.N. (2007b). TV-Projekt der Kazaa-Gründer heißt jetzt „Joost“. URL: *http://www.heise.de/newsticker/ meldung/83797/from/rss09.*

N.N. (2007c). Online Videos. Viacom-Chef warnt deutsche Internet-Video-Foren. In: *www.spiegel.de* vom 12.05. URL: *http://www.spiegel.de/spiegel/vorab/0,1518,482564,00.html.*

Neumann-Braun, K. (1996). *MTV* ruft die Generation X: Willkommen zuhause. In *Forschung Frankfurt*; 4, 20-32.

Neumann-Braun, K. (1999). Subversiver Kulturkampf oder die dramatisierte Doppelun des Alltags? Bildhermeneutische Analysen der Werbekampagnen von *MTV*/ Deutschland und *VIVA* in den Jahren 1994 bis 1997. *Rundfunk und Fernsehen*, 3, 393-408.

Neumann-Braun, K. (2005). Strukturanalytische Rezeptionsforschung. In L. Mikos & C Wegener (Hrsg.), *Qualitative Medienforschung* (S. 58-66). Konstanz: UVK (UTB).

Neumann-Braun, K. (Hrsg.). (1999). *VIVA MTV! Popmusik im Fernsehen.* Frankfurt/M Suhrkamp.

Neumann-Braun, K. & Mikos, L. (2006). *Videoclips und Musikfernsehen. Eine problem orientierte Kommentierung der aktuellen Forschungsliteratur.* Berlin: Vistas.

Neumann-Braun, K. & Schmidt, A. (1999). McMusic. Einführung In K: Neumann-Brau (Hrsg.), *Viva MTV. Popmusik im Fernsehen* (S. 7-42). Frankfurt/M: Suhrkamp.

Neumann-Braun, K., Barth, Michael & Schmidt, A. (1997). Kunsthalle und Supermark – Videoclips und Musikfernsehen. Eine forschungsorientierte Literatursichtung. *Rundfunk und Fernsehen*, *45*(1), 69-86.

Neumann-Braun, K., Mai, M. & Schmidt, A. (Hrsg.). (2003): *Popvisionen. Links in di Zukunft.* Frankfurt/M: Suhrkamp.

Niggemeier, S. (2004). *VIVA* und *MTV*. Das Musikfernsehen ist am Ende. In: *www.faz.ne* vom 25.11. URL: *http://www.faz.net/s/Rub8A25A66CA9514B9892E0074EDE4E5AF Doc~EDFCC499167E84A1E98918ACC8EBB200D~ATpl~Ecommon~Sspezial.html.*

Niggemeier, S. (2005): Jedes Tönchen ein Milliönchen. Download unter: http://www.faz net/s/RubCD175863466D41BB9A6A93D460B81174/Doc~EEC1B8302D08B4E109 82036282FF8369~ATpl~Ecommon~Scontent.html.

O'Reilly, T. (2006). What is Web 2.0? URL: *http://www.oreilly.de/artikel/web20.html* Deutsche Übersetzung unter URL: *http://twozero.uni-koeln.de/content/e14/index_ge html.*

Ohler, A. (2003). *VIVA* verliert Anschluss an Rivalen *MTV*. In: *www.ftd.de* vom 12.09 URL: *http://www.ftd.de /technik/medien_internet/1063087850592.html.*

Ohler, A. (2004). *MTV* erneuert Vertrag mit Plattenfirmen. In: *www.ftd.de* vom 01.04. URL *http://www.ftd.de/ technik/medien_internet/1080832752974.html.*

Paech, J. (1994): Bilder-Rhythmus. In: Hausherr, Cecilia (Hg.): Visueller Sound. Luzern Cyclop. S. 46-63.

Paugh, R. (1988). Music Video Viewers. In C. Heeter et al. (Hrsg.), *Cableviewing* (S. 237 245). Norwood: Ablex.

Quandt, T. (1997). *Musikvideos im Alltag Jugendlicher. Umfeldanalyse und Qualitativ Rezeptionsstudie.* Wiesbaden: Deutscher Universitätsverlag.

Reetze, J. (1989). Videoclips im Meinungsbild von Schülern. Ergebnisse einer Befragun in Hamburg. *Media Perspektiven*, 2, 99-105.

Renner, T. (2004). *Kinder, der Tod ist gar nicht so schlimm! Über die Zukunft der Musik und Medienindustrie*. Frankfurt/M: Campus Verlag.

Renner, T. (2006): MTV Overdrive: Die Renaissance des Musikvideos. Download unter: http://www.laut.de/vorlaut/news/2006/07/21/02608/index.htm.

Rettenmund, M. (1996). *Totally awesome 80s.* New York: St. Martin's Griffin Press.

Richard, B. (2001). Bildklone und Doppelgänger. Vervielfältigungsphantasmen in der Popkultur. In B. Richard & S. Drühl (Hrsg.), *Kunstforum International, Themenheft: Transgene Kunst: Klone und Mutanten.* Bd. 157 (S. 54-111). Ruppichteroth: Kunstforum-Bücherdienst.

Richard, B. (2003). Repräsentationsräume: Kleine Utopien und weibliche Fluchten. Grotesken im HipHop-Clip. In D. Helms & T. Phleps (Hrsg.), *Clipped Differences. Geschlechterrepräsentationen im Musikvideo* (S. 81-97). Bielefeld: transcipt Verlag.

Robertson, R. (1998). Glokalisierung: Homogenität und Heterogenität in Raum und Zeit. In U. Beck (Hrsg.), *Perspektiven der Weltgesellschaft* (S. 192-220). Frankfurt/M: Suhrkamp.

Roe, K. & Cammaer, G. (1993). Delivering the young audience to advertisers: Musictelevision and Flemish youth. *Communications, 18*(2), 169-177.

Röll, F. J. (1998). *Mythen und Symbole in populären Medien. Der wahrnehmungsorientierte Ansatz in der Medienpädagogik.* Frankfurt/M: Gemeinschaftswerk der Evangelischen Publizistik.

Rosenbach, M. & Schulz, T. (2004). Chaostage in Köln. *Der Spiegel,* 50, 110-112.

Rosenfelder, A. (2005). Furzende Klingeltöne. *FAZ* vom 07.01., 5, 40.

Roth, W.-D. (2005). Vom Tonfilm bis zum Klingelton. Videoclips in der Popmusik: Älter als *MTV*. URL: *www.heise.de/tp/r4/artikel/21/21656/1.html.*

Röttgers, J. (2003). *Mix, Burn und R.I.P. – das Ende der Musikindustrie.* Hannover: Heise.

Saerbeck, A. (2006). Musik von unten. In *www.ftd.de* vom 01.08. URL: *http://www.ftd.de/technik/medien_internet/100575.html.*

Schmidbauer, M. & Löhr, P. (1996). Das Programm für Jugendliche: Musikvideos in *MTV* Europe und *VIVA*. *Televizion,* 9, 6-32.

Schmidbauer, M. & Löhr, P. (1999). See me, feel me, touch me! Das Publikum von *MTV* Europe und *VIVA*. In K. Neumann-Braun (Hrsg.), *Viva MTV. Popmusik im Fernsehen* (S. 325-350). Frankfurt/M: Suhrkamp.

Schmidt, A. (1999). Sound and Vision go *MTV*. Die Geschichte des Musiksenders bis heute. In K. Neumann-Braun (Hrsg.), *Viva MTV. Popmusik im Fernsehen* (S. 93-131). Frankfurt/M: Suhrkamp.

Schmidt, A. & Neumann-Braun, K. (2003). Keine Musik ohne Szene!? Ethnographische Perspektiven auf die Teilhabe ‚Allgemein Jugendkulturell Orientierter Jugendlicher' (AJOs) an Popmusik. In K. Neumann-Braun, A. Schmidt & M. Mai (Hrsg.), *Popvisionen. Links in die Zukunft* (246-272). Frankfurt/M: Suhrkamp.

Schneider, W. L. (1994). *Die Beobachtung von Kommunikation. Zur kommunikativen Konstruktion sozialen Handelns.* Opladen: Westdeutscher Verlag.

Schneider, W. L. (1997). Die Analyse von Struktursicherungsoperationen als Kooperationsfeld von Konversationsanalyse, objektiver Hermeneutik und Systemtheorie. In T Sutter (Hrsg.), *Beobachtung verstehen – Verstehen beobachten. Perspektiven einer konstruktivistischen Hermeneutik* (S. 164-227). Opladen: Westdeutscher Verlag.

Schneider, W. L. (2004). *Grundlagen der soziologischen Theorie. Bd. 3: Sinnverstehen und Intersubjektivität - Hermeneutik, funktionale Analyse, Konversationsanalyse und Systemtheorie.* Wiesbaden: VS Verlag.

Schoder, D. & Fischbach, K. (2002). Peer-to-Peer Anwendungsbereiche und Herausforderungen. In D. Schoder, K. Fischbach & R. Teichmann (Hrsg.), *Peer-to-Peer. Ökonomische, technologische und juristische Perspektiven* (S. 3-24). Springer-Verlag, Berlin.

Scholz, M. (1998). Die am eigenen Ast sägen. Wieder kein Video, aber eine grandiose CD von Pearl Jam. *Frankfurter Rundschau*, 16.01., 8.

Schorb, B. (1988). Videoclips – wie beurteilen? Videoclips kommen gewaltig. Von den mannigfachen Gewaltaspekten in Videoclips. *Medien und Erziehung*, *32*(3), 132-136.

Schröfel, A. (2006). *Interaktives Fernsehen. Grundlagen, Anwendungen, Perspektiven* Saarbrücken: Verlag Dr. Müller.

Schubert, G. & Graffé, R. (1999). Underground matters. Einblicke in die gegenwärtige Independent-Szene. In K. Neumann-Braun, A. Schmidt & M. Mai (Hrsg.), *Popvisionen Links in die Zukunft* (S. 199-211). Frankfurt/M: Suhrkamp.

Schulze, G. (1995). *Die Erlebnisgesellschaft. Kultursoziologie der Gegenwart.* Frankfurt New York: Campus.

Schumm, G. (1993). Die Macht der Cuts. In B. Naumann (Hrsg.), *Vom Doppelleben der Bilder. Bildmedien und ihre Technik* (S. 249-278). München: Fink.

Schwering, G. (2006). Kulturindustrie. In J. Schröter, G. Schwering & U. Stäheli (Hrsg.) *Media Marx* (S. 357-366). Bielefeld: Transcript-Verlag.

Schwichtenberg, C. (1992). Music Video: The Popular Pleasures of Visual Music. In J. Lul (Hrsg.), *Popular Music and Communication* (S. 116-133). London: Sage.

Schwichtenberg, C. (Hrsg.). (1993). *The Madonna Connection. Representational Politics, Subcultural Identities and Cultural Theory.* Boulder u.a.: Westview Press.

Shell Deutschland Holding (Hrsg.). (2006). *Jugend 2006. Eine pragmatische Generation unter Druck.* Frankfurt/M: Fischer.

Sierek, K. (1994). Monolog und Ekstase. Zum Bildbau im Musiclip. In W. Faulstich & G Schäffner (Hrsg.), *Die Rockmusik der 80er Jahre* (S. 186-197). Bardowick: Wissenschaftlicher Verlag.

Sozioland Umfage (2006). URL: *http://www.sozioland.de/4482_mtviva.php?SES=6b9fa8 3946f7844e6beb366bcf 8e4c21.*

Spielmann, Y. (2005). *Video: das reflexive Medium.* Frankfurt/M: Suhrkamp.

Spieß, C. (2005): Die parallele Musikindustrie. Download unter: www.heise.de/tp/r4/artikel/21/21356/1.html.

Spieß, C. (2006). Die Blog-Band. Die Arctic Monkeys als Prototyp der neuen Art, Musik zu machen. URL: *www.heise.de/tp/r4/artikel/22/22200/1.html.*

Springsklee, H. (1987). Video-Clips – Typen und Auswirkungen. In K.-E. Behne (Hrsg.), *film - musik - video oder: Die Konkurrenz von Auge und Ohr* (S. 127-154). Regensburg: Gustav Bosse Verlag.

Sun, S.-W. & Lull, J. (1986). The adolescent audience for music videos and why they watch. *Journal of Communication*, 36, 94-106.

Sutter, T. & Charlton, M. (Hrsg.). (2001). *Massenkommunikation, Interaktion und soziales Handeln.* Wiesbaden: Westdeutscher Verlag.

Theurer, M. (2004). *MTV* und *VIVA*. Zahltag im Fernseh-Kinderzimmer. *FAZ* vom 25.06., 145, 22.

van Eimeren, B. & Frees, B. (2006). Schnelle Zugänge, neue Anwendungen, neue Nutzer? ARD/ZDF-Online-Studie 2006. *Media Perspektiven*, 8, 402-415.

Vormehr, U. (2003). Independents. In R. Moser & A. Scheuermann (Hrsg.), *Handbuch der Musikwirtschaft* (S. 223-238). München: Josef Keller Verlag.

Weibel, P. (1987). Von der visuellen Musik zum Musikvideo. In V. Bódy & P. Weibel (Hrsg.), *Clip, Klapp, Bum. Von der visuellen Musik zum Musikvideo* (S. 53-164). Köln: DuMont.

Wenzel, U. (1999). Pawlows Panther. Musikvideos zwischen bedingtem Reflex und zeichentheoretischer Reflexion. In K. Neumann-Braun (Hrsg.), *VIVA MTV! Popmusik im Fernsehen* (S. 45-73). Frankfurt/M: Suhrkamp Verlag.

Wicke, P. (2001). *Musikindustrie im Überblick.* URL: *http://www.crossover-agm.de/txtwick2.htm.*

Wicke, P., Ziegenrücker, K.-E. & Ziegenrücker, W. (1997). *Handbuch der populären Musik. Rock. Pop. Jazz. World Music.* Mainz: Atlantis Musikbuch-Verlag.

Williams, K. (2003). *Why I (still) want my MTV. Music Video as Aesthetic Communication.* Cresskill: Hampton Press.

Winter, R. (1995). *Der produktive Zuschauer.* Opladen: Westdeutscher Verlag.

Winter, R. & Kagelmann, H. J. (1993). Videoclip. In H. Bruhn, R. Oerter & H. Rösing (Hrsg.), *Musikpsychologie. Ein Handbuch* (S. 208ff.). Reinbeck: Rowohlt.

Woldt, R. (2004). Interaktives Fernsehen – großes Potential, unklare Perspektiven. *Media Perspektiven*, 7, 301-309.

Wulff, H. J. (1989). Die Ordnung der Bilderflut. Konstellation medialer Kommunikation als strukturbildendes Prinzip in Performance-Videos. *Rundfunk und Fernsehen*, 37, 435-446.

Wulff, H. J. (1999). The Cult of Personality – authentisch simulierte Rockvideos. In K. Neumann-Braun (Hrsg.), *VIVA MTV! Popmusik im Fernsehen* (S. 262-278). Frankfurt/M: Suhrkamp.

Quellen Haupttext

http://www.mtv.de/1

http://www.viva.tv

http://www.viacombrandsolutions.de/de/research/

http://www.viacombrandsolutions.de/de/research/studien/international.html

http://www.viacombrandsolutions.de

http://www.tune-inn.de

http://www.MTV.co.uk/channel/MTV2

http://www.techniradio.de

http://www.MTV.co.uk/channel/flux

http://www.digitalfernsehen.de/news/news_89887.html

http://www.iptv-anbieter.info/iptv-provider/iptv-anbieter.html

http://www.mtvoverdrive.de

http://www.mtv.de/overdrive/viiv.php

http://www.ifilm.com/about/

http://www.atomfilms.com/home.jsp

http://www.fabchannel.com

http://www.mtv.de/radio/

http://www.danah.org/papers

http://www.lilyallenmusic.com

http://www.viacomnetworks.co.uk/channels/music#flux

http://www.flux.com/

http://www.mtv.de/ringding/wap.php

http://www.funkysexycool.de/de/web/index.php

http://www.viva.tv/microsites/handy_microsite/

http://www.MTVnetworks.de

http://www.youtube.com/watch?v=kicwl6skmWA

http://en.wikipedia.org/wiki/List_of_MTV_diversification

http://www.mtvnetworks.de/scripts/contentbrowser.php3?ACTION=showSub&SubID=
8&plugin=

http://www.viacombrandsolutions.de/de/research/gfk/gfk.html

http://www.mtvnetworks.de/scripts/contentbrowser.php3?ACTION=showSub&SubID=
7&plugin=

http://www.Allmusic.com

http://www.Laut.de

http://www.popzoot.tv

www.economy-point.org

Quellen Österreich:

http://www.mtvnetworks.de/scripts/contentbrowser.php3?MenuId=home

http://mtv.de/hitlistaustria/index.php

http://mtv.de/hitlistaustria/jahrescharts06.php

http://www.pirmasoft.de/astra/mtv_oesterreich.htm

http://www.goldbachmedia.at/site/1563/default.aspx

http://www.viacom.de/scripts/contentbrowser.php3?ACTION=showSub&SubID=23&plugin=

http://www.digitalfernsehen.de/news/news_88673.html

http://www.vienna.at/news/om:vienna:musik/artikel/20-jahre-mtv-in-oesterreich/cn/news-20070731-12110877

http://www.sevenonemedia.ch/imperia/md/content/content/ftp_som_ch/Teletext_mtv_preise_06_NEU.pdf

http://goldbachmedia.at/Portals/_goldbachmedia/presse%20und%20events/pressemitteilungen/Medienmitteilung_MTVDesignerama06_2006-09-26.pdf

http://www.tvmatrix.de/?newsid=4857

http://www.digisat.de/aktuelles/dateien/programmliste.pdf

http://axepress.247street.axe.at/stories/5973/#

http://www.digitalfernsehen.de/news/news_111428.html

http://www.sevenonemedia.ch/teletext/mtvtext/print_index_ch.php

http://www.technisat.de/index8b98.html?nav=Pressemeldungen,de,23&presse=detail&id=416

http://forum.tvmatrix.net/viewtopic.php?t=16138

http://www.rp-online.de/public/article/aktuelles/gesellschaft/medien/464379

http://de.wikipedia.org/w/index.php?title=VIVA&printable=yes

http://www.radiowoche.de/index.php?p=news&area=7&newsid=2386&print=1&koobi=10a8af1b7e8faae01af0f6297530352e

http://www.pressetext.at/pte.mc?pte=061005038

http://www.pressetext.at/pte.mc?pte=050912036

http://www.consol.at/content/view/10149/62/

http://tst.goldbachmedia.at/Portals/_goldbachmedia/presse%20und%20events/pressemitteilungen/Medienmitteilung_MTV_GAME-BASE%20WEEKLY_B2B_2007-10-08.pdf

http://www.economy-point.org/m/mtv-network-europe.html

http://www.sevenonemedia.at/content/beitrag/presse_21_08_2000.html

http://www.sevenonemedia.at/content/beitrag/presse_2003_12_24.html

http://www.viacom.de/scripts/contentbrowser.php3?ACTION=showSub&SubID=23&plugin=

http://www.goldbachmedia.at/Portals/_goldbachmedia/presse%20und%20events/presse
mitteilungen/Medienmitteilung_MTV_SatellitAstrafrei_B2B_2006-10-05.pdf

http://www.sevenonemedia.at/content/bereich/pressearchiv_2003.html

www.pressetext.at./pte.mc?pte=040805042

www.goldbach-media.at

http://goldbachmedia.at/site/1482/default.aspx

http://www.forum.dvd-forum.at

Quellen Schweiz:

http://www.viacom.de/scripts/contentbrowser.php3?ACTION=showSub&SubID=23&pl
gin=

http://www.digitalfernsehen.de/news/news_88673.html

http://www.mtvnetworks.de/scripts/contentbrowser.php3?ACTION=showSub&SubID=
0&plugin=

http://www.weblexikon.de/VIVA_(Schweiz).html

http://www.kleinreport.ch/meld.phtml?id=40202

http://www.halsundbeinbruch.ch/de/latest_news.php

http://www.toponline.ch/radiotop.shtmlhotline/area-1.rub-36.art-73022.tce

http://www.kleinreport.ch/print_meld.phtml?id=20807

http://www.swiss-music-news.ch/welcome.html?/news/news303.html

http://www.radiotele.ch/fileupload/2962005151033_file.pdf

http://www.lifecom.ch/index.cfm?s=TmpKurzLang2&klID=1&action=hm2&contentID=
1&um1ID=2&hmID=2#?

http://www.bandorama.ch/Band-Guide/Themen/videoclip.htm

http://www.tvmatrix.ch/?newsid=7725

http://www.film.uzh.ch/public/archiv/2006.html

http://www.mybasel.ch/freizeit_veranstaltungen_events_brandhaerd.cfm?Color=1

http://www.persoenlich.com/news/show_news.cfm?newsid=68411&criteria=viva#oben

http://www.ipm.ch/page.php?language=de&pages_id=75

http://www.forum.dvd-forum.at/archiv/index.php/t-7264.html

http://www.digitalfernsehen.de/news/news_88673.html

http://www. black-virus.ch/images/covers/viva_swizz.jpg

http://www.vivatv.ch

Zeitfracht Medien GmbH
Ferdinand-Jühlke-Straße 7
99095 Erfurt, Deutschland
produktsicherheit@kolibri360.de